はじめに

このプリントは、子どもたちが自らアクティブに問題を解き続け、学習できるようになる姿をイメージして生まれました。

どこから手をつけてよいかわからない。問題とにらめっこし、かたまってしまう。

えんぴつを持ってみたものの、いつの間にか他のことに気がいってしまう…。

そんな場面をなくしたい。

子どもは１年間にたくさんのプリントに出会います。できるだけよいプリントに出会ってほしいと思います。

子どもにとってよいプリントとは何でしょうか？

それは、サッとやり始め、ふと気づけばできている。スイスイと上がっていけるエスカレーターのような仕組みのあるプリントです。

「いつのまにか、できるようになった！」「もっと続きがやりたい！」

と、子どもが目をキラキラと輝かせる。そんな子どもたちの姿を思い描いて編集しました。

プリント学習が続かないことには理由があります。また、プリント１枚ができないことには理由があります。

語彙を獲得する必要性や、大人が想像する以上にスモールステップが必要であったり、じっくり考えなければならない問題があったりします。

教科書レベルの問題が解けるために、さまざまなバリエーションの問題を作りました。

「学ぶことが楽しい！」

→「もっとやりたくなる！」

→「続くから、結果が出てくる！」

ぜひ、このプリント集を使ってみてください。

子どもたちがワクワク、キラキラしてプリントに取り組む姿が、目の前で広がりますように。

藤原　光雄

シリーズ全巻の特長

◎幅広く目的に沿った使い方！

○「書くこと」を中心に、知識や表現力をどんどん広げる。
○教科書で学習した内容を読む、理解できる。
○教科書で学習した内容を使う、表現できる。
○教科書で学習した内容を説明できる。

◎国語科６年間の学びをスパイラル化！

国語科６年間の学習内容を、スパイラルを意識して配列しています。

予習や復習、発展的な問題に取り組むなど、ほかの学年の巻も使ってみてください。

このプリントの特長

○はじめの一歩をわかりやすく！

自学にも活用できるように、うすい字でやり方や書き方が書いてあります。
なぞりながら答え方を身につけてください。

○国語感覚から解き方や作文力が身につく！

文字あそびや言葉あそびで、言語に対する習熟を重ね、作文力がつきます。
ワークシートで言葉の冒険を楽しんでみてください。

○さまざまな発想・表現ができる！

答えが一通りではなく、多様な答えがある問題も用意しました。

○文法、語彙の力が身につく！

教科書の学習に合う新出漢字・語彙をさまざまな形式でくり返すことで定着を図ります。

朝学習、スキマ学習、家庭学習など、さまざまな学習の場面で活用できます。

2年生　もくじ

1 あったらいいな作文《さくぶん》 ①

名前

/

✿ このようなものが あったら、それから どうなると 思《おも》うかを 文に しましょう。

① もしも 一日の 時間《じかん》が 二ばいに なる くすりが あれば、

まず、

それから、

さらに、

そして、

② もしも なんでも おいしくなる ちょうみりょうが あれば、

まず、

それから、

さらに、

そして、

1 あったらいいな作文《さくぶん》 ②

名前

✿ このようなものが　あったら、それから　どうなると　思《おも》うかを　文に　しましょう。

①

もしも　**空中《くうちゅう》を　走《はし》ることが　できる　くつ**が　あれば、

まず、

それから、

そして、

すると、

②

もしも　**どんな　びょう気も　なおる　くすり**が　あれば、

まず、

それから、

そして、

すると、

2 ことバイキング ①

名前

あとの［　］から すきな ことばを えらんで、人ぶつの キャラクターを 作《つく》り ましょう。

国王《こくおう》

明るい
前むき
どりょく家

王子

王女

ひめ

明《あか》るい　たくましい　しっかりもの　親切《しんせつ》　おだやか　そそっかしい　いじっぱり
前《まえ》むき　どりょく家《か》　正直《しょうじき》　やさしい　ひょうきん　気が弱《よわ》い　まけずぎらい
元気《げんき》　ちえのある　がまん強《づよ》い　思《おも》いやりのある　ゆう気がある　こわがり　いじわる

2

ことバイキング ②

名前

あとの□から すきな ことばを えらんで、どんな アイテムか せつめいしましょう。

けん

人気のある
めずらしい
りっぱ

馬車《ばしゃ》

家《いえ》

ペット

きれい　細《こま》かい　きゅうくつ　ひっそり　かんたん　古《ふる》い　みごと
めずらしい　人気のある　早い　りっぱ　むずかしい　新《あたら》しい　よくわかる
くわしい　目立つ　のんびり　べんり　あぶない　ふさわしい　おもしろい

3 文をならべかえましょう ①

名前

✿ ㋐〜㋓の　文を　じゅん番《ばん》に　ならべかえましょう。

㋐ しょうゆを　かけ、おこのみで　のりや　いろいろな　ふりかけを　かけて、たまごかけごはんの　できあがりです。

㋑ かんたんな　たまごかけごはんの　作《つく》り方《かた》を　せつめいします。

㋒ そして、その上に　たまごを　わって、のせます。カラが　入らないように　ちゅういします。

㋓ うつわに　あたためた　ごはんを　まず、入れます。

文のじゅん番

□ → □ → □ → □

3 文をならべかえましょう ②

名前

✿ ㋐～㋓の 文を じゅん番《ばん》に ならべかえましょう。

㋐ つぎに、しんごうを 右に まがり、コンビニが ある 二つ目の かどまで 行《い》きます。

㋑ ゆうびんきょくに 行くには、まず、ここから まっすぐ 五十メートルほど すすみ、しんごうまで 行きます。

㋒ その 先に ある、四つ目の たてものが ゆうびんきょくです。

㋓ そして、その コンビニの かどを 左に まがります。

文のじゅん番

□ → □ → □ → □

4 こどもそうだんしつ ①

名前

そうだんに　のってあげましょう。

①

のこぎりくわがたより
かぶとむしくんに　どうしても　かてません。どうすればいいでしょうか。

②

一年生より
どうしても　しゅくだいを　わすれてしまいます。どうすればいいでしょうか。

4 こどもそうだんしつ ②

名前

そうだんに　のってあげましょう。

①

じんべいざめより
コバンザメが　くっついて　じゃまなんですけど。どうすればいいでしょう。

②

六年生より
しょうらいの　ゆめが　まだ　ありません。どうすればいいでしょうか。

5

同じパーツのかん字 ①

名前

同《おな》じ パーツ(ぶ分《ぶん》)を もつ かん字を □から えらんで、なかまに しましょう。

① 言

② 兄

③ 草

④ 夕

⑤ 林

⑥ 家

⑦ 絵

⑧ 明

時　多　室　光　線　花　村　読

組　茶　校　計　曜　安　外　元

5

同じパーツのかん字 ②

名前

同《おな》じ パーツ（ぶ分《ぶん》）を もつ かん字を □から えらんで、なかまに しましょう。

① 週

② 刀

③ 汽

④ 星

⑤ 話

⑥ 休

⑦ 古

⑧ 園

図　早　何　分　合　海　記　近

台　池　語　道　国　作　昼　切

6 マジカル・オノマトペ ①

名前

✿ どんな 音が しますか。聞《き》こえますか。かんじますか。書《か》いてみましょう。

①

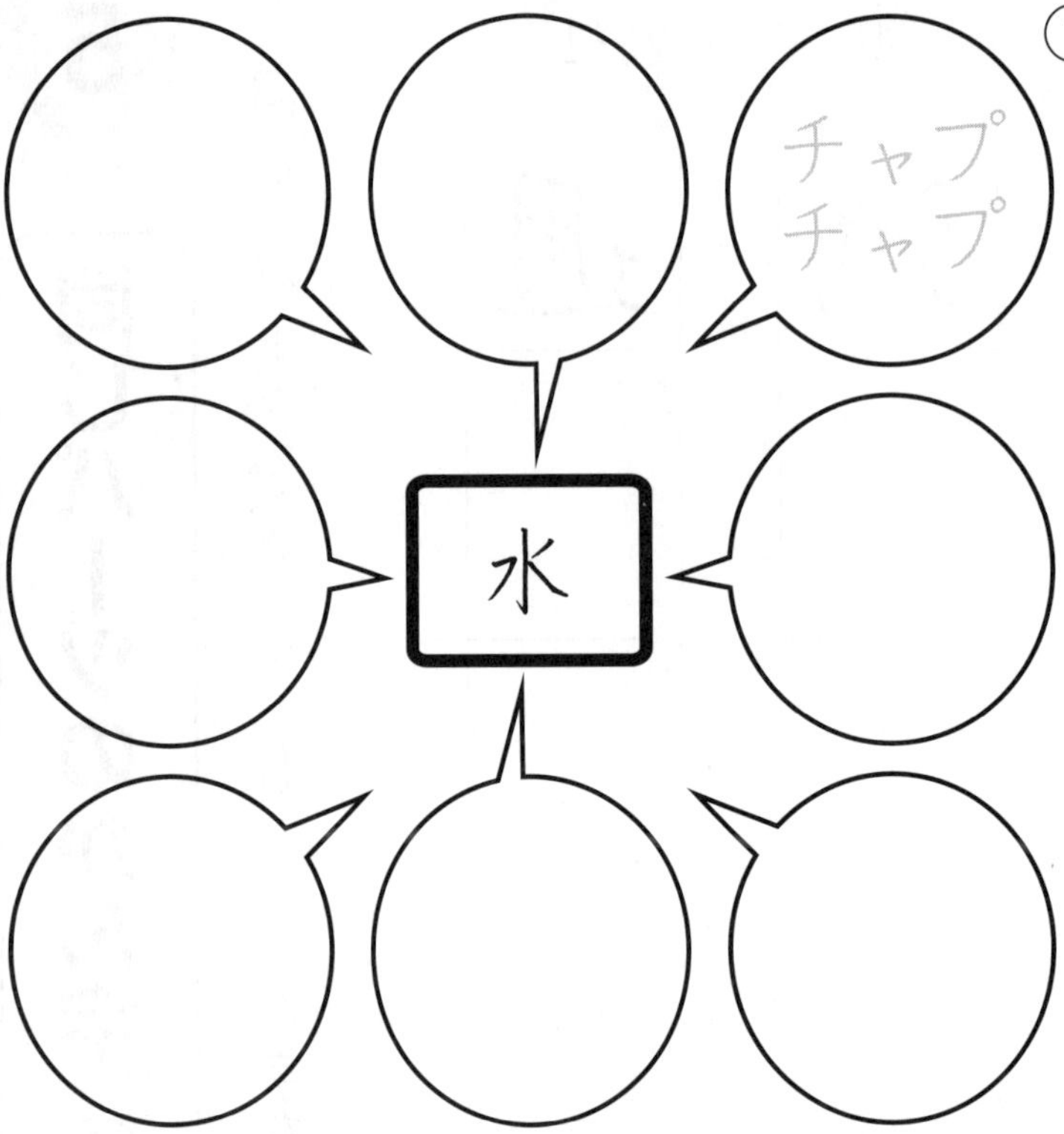

②

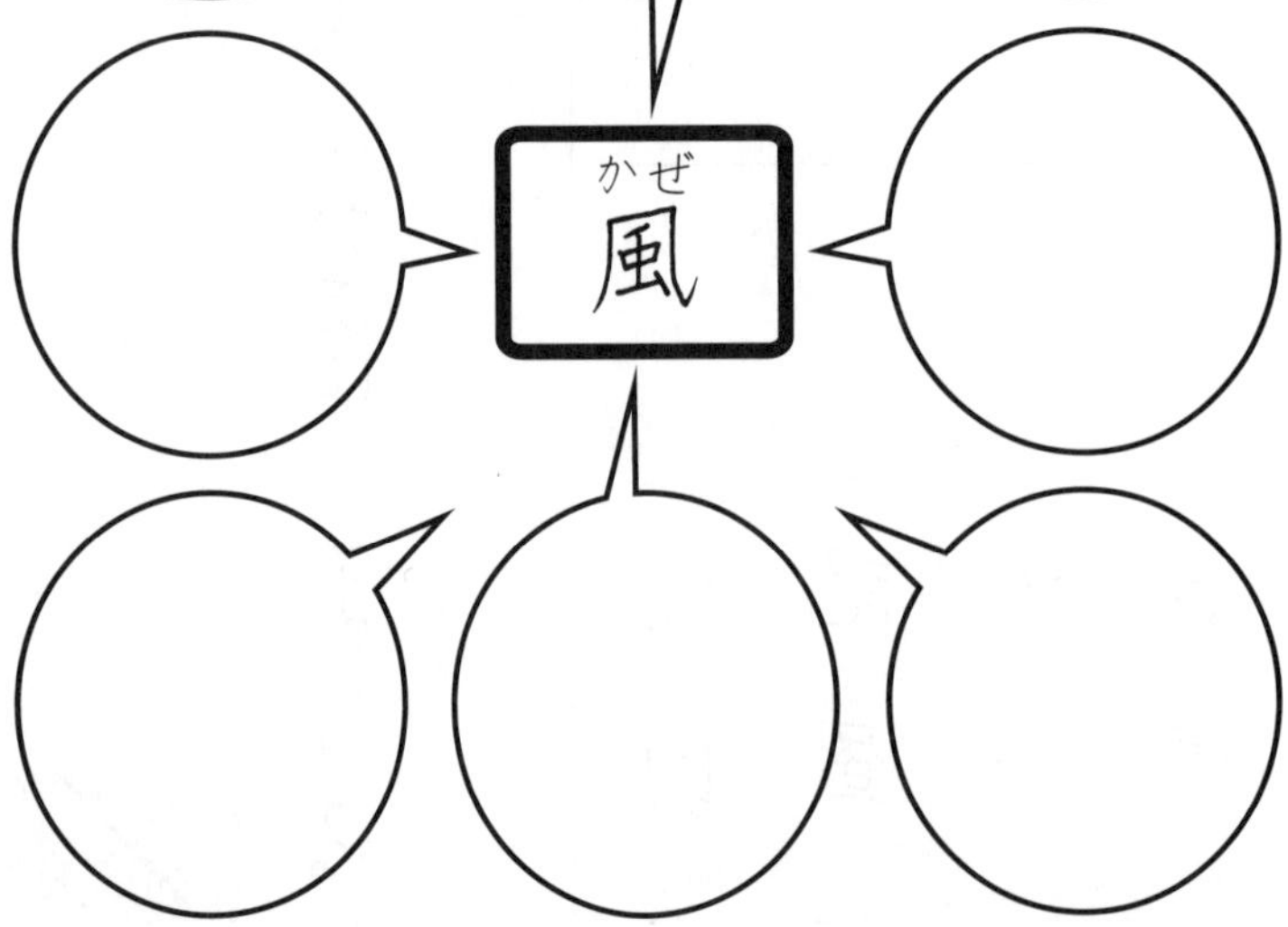

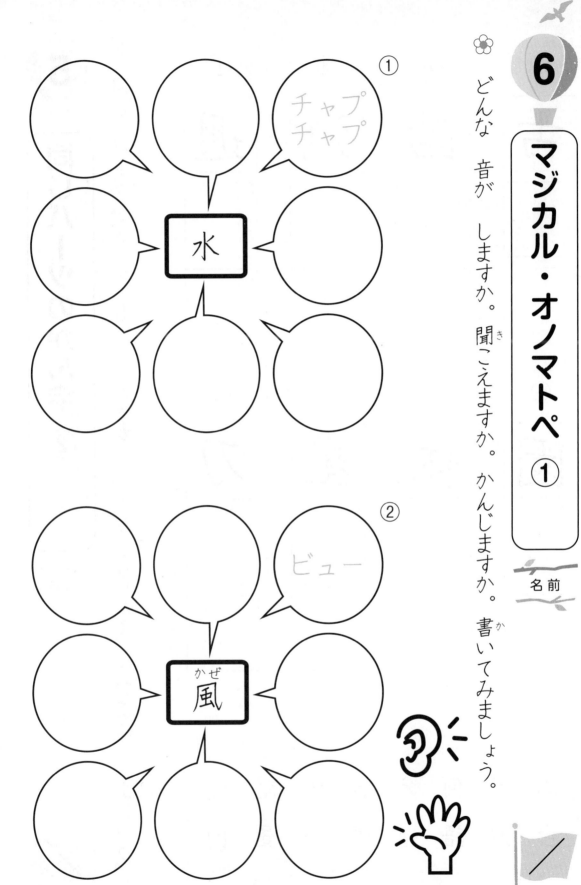

6 マジカル・オノマトペ ②

名前

✿ あとの ヒントの オノマトペを つかって、文を 書《か》いて みましょう。

(1)

① 雨が はげしく ふって いる。
雨が （　　） ふって いる。

② 雨が しずかに ふって いる。
雨が （　　） ふって いる。

③ 雨が 弱《よわ》く ふって いる。
雨が （　　） ふって いる。

ヒント
シトシト　ザーザー　ポツポツ

(2)

① 犬が はげしく ないて いる。
犬が （　　） ないて いる。

② 犬が かわいく ないて いる。
犬が （　　） ないて いる。

③ 犬が おどろいて ないて いる。
犬が （　　） ないて いる。

ヒント
クンクン　ワンワン　キャンキャン

7 まるで～のように ①

名前

(1) 「まるで　～のように」で　たとえて　にあうものを　線《せん》で　つなぎましょう。

① まるで　ボール　のように・　・㋐ はやく　走《はし》った。

② まるで　チーター　のように・　・㋑ まるい　ネコ。

③ まるで　ナマケモノ　のように・　・㋒ ゆっくり　している。

(2) 「まるで　～のように」で　たとえて　にあうものを　下から　えらんで　書《か》きましょう。

① まるで　[　　　　]　のように　つめたい　人。

② まるで　[　　　　]　のように　赤い　車。

③ まるで　[　　　　]　のように　小さい　人間《にんげん》。

りんご
あり
こおり

7 まるで～みたいに ②

名前

(1) 「まるで　～みたいに」で　たとえて　にあうものを　線《せん》で　つなぎましょう。

① まるで　花　みたいに　・　・㋐ うつくしい　姉《あね》。

② まるで　星《ほし》　みたいに　・　・㋑ おもい　にもつ。

③ まるで　岩《いわ》　みたいに　・　・㋒ かがやく　ひとみ。

(2) 「まるで　～みたいに」で　たとえて　にあうものを　下から　えらんで　書《か》きましょう。

① まるで　[　　　]　みたいに　広《ひろ》い　心《こころ》。

② まるで　[　　　]　みたいに　くらい　へや。

③ まるで　[　　　]　みたいに　明《あか》るい　ともだち。

太《たい》よう　海　すみ

8 ふきだしものがたり ①

名前

どんなことを しゃべっていますか？ 「 」を つかって 書《か》いてみましょう。

8 ふきだしものがたり ②

名前

どんなことを　しゃべって　いますか？「　」を　つかって　書《か》いて　みましょう。

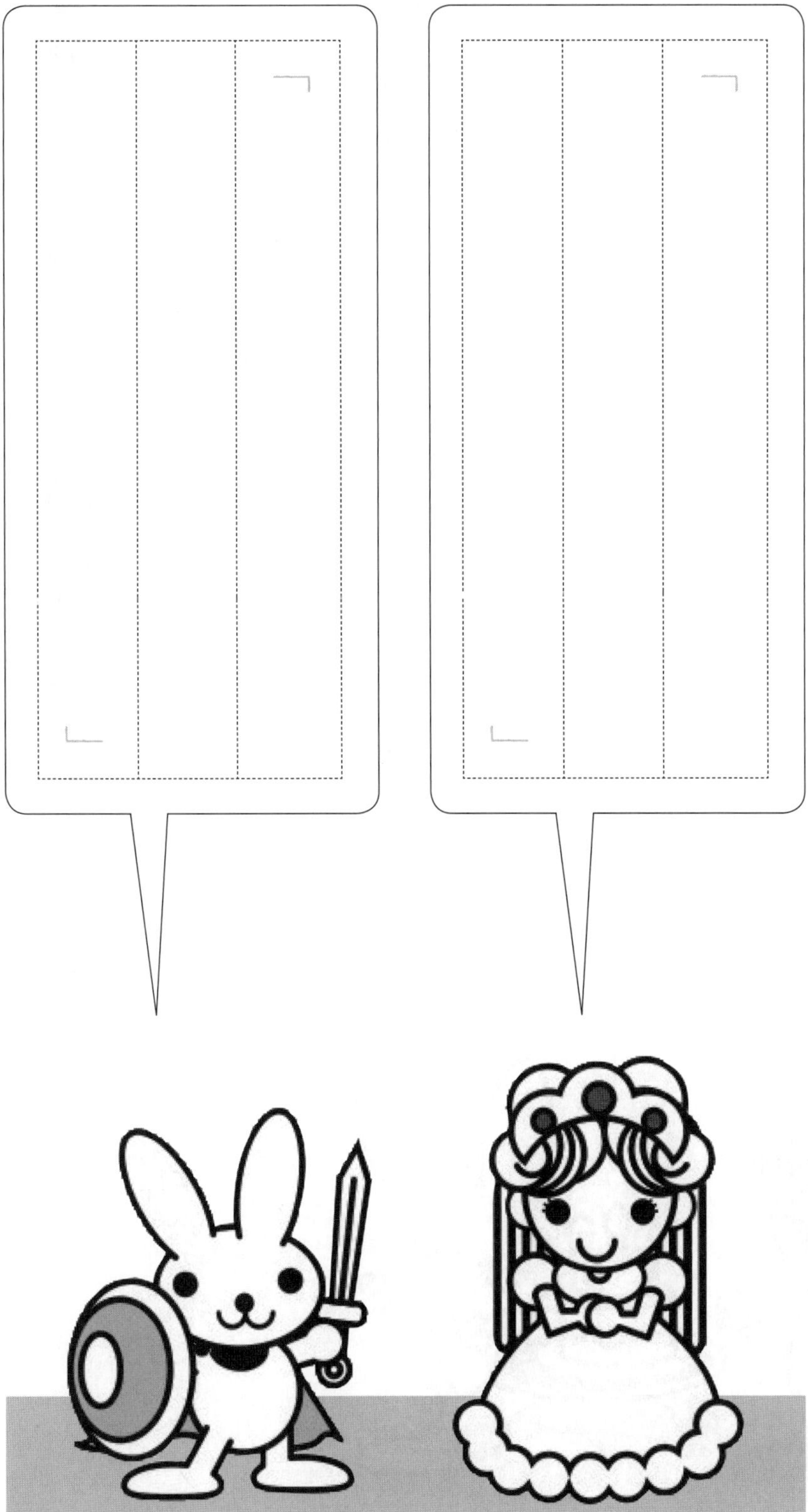

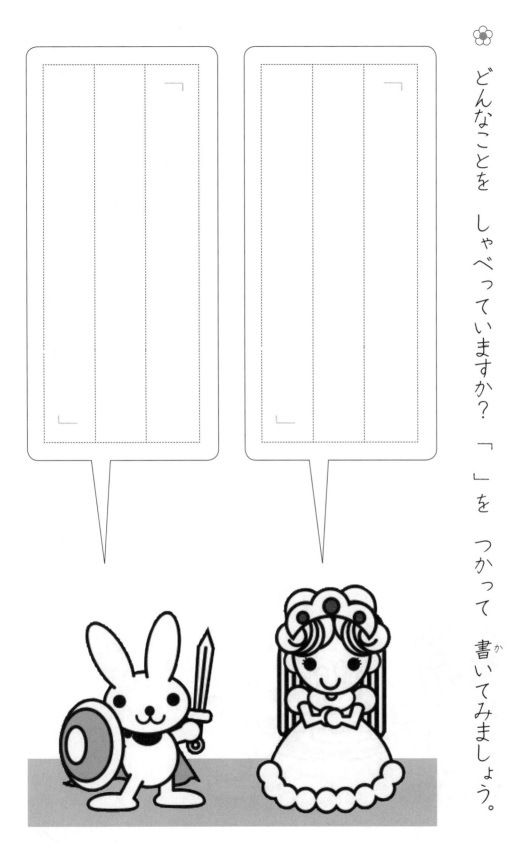

8 ふきだしものがたり ③

名前

どんなことを しゃべっていますか？「」を つかって 書《か》いてみましょう。

8 ふきだしものがたり ④

名前

どんなことを しゃべって いますか？「　」を つかって 書《か》いて みましょう。

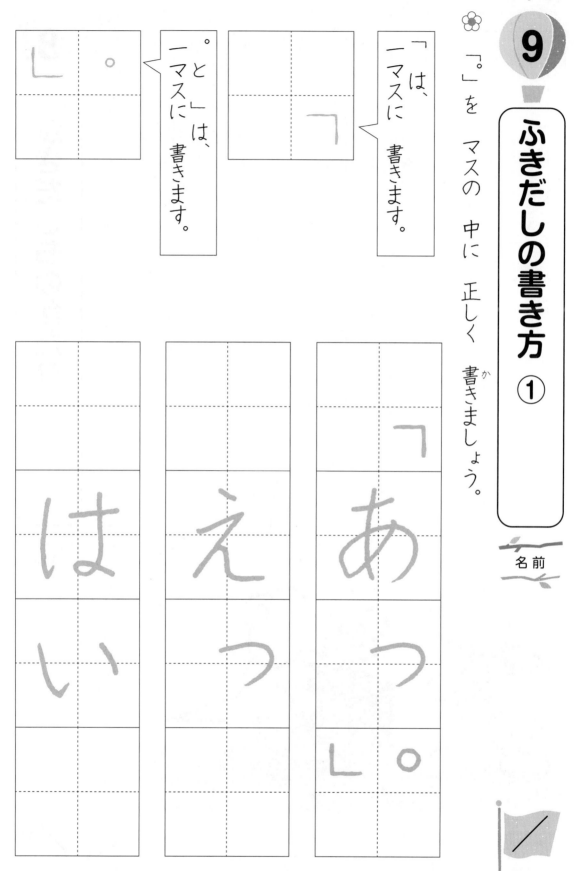

9 ふきだしの書き方 ①

名前

「。」を マスの 中に 正しく 書《か》きましょう。

「「」は、一マスに 書きます。」

「「。」と「」」は、一マスに 書きます。」

「あっ。」

「えっ」

「はい」

9 ふきだしの書き方 ②

名前

しゃべった ことばを 「」を つかって 書《か》きましょう。

①

うさたんが、

といいました。

②

くまさんが、

とよびました。

10 ていねいな言い方 ①

名前

ふつうの 言《い》い方《かた》に ○、ていねいな 言い方に ◎を つけましょう。

① ○ ◎

今日《きょう》は、とても いいちょう子だ。

今日は、とても いいちょう子です。

② □ □

ベンの 姉《ねえ》さんは テニスぶだ。

ベンの 姉さんは テニスぶです。

③ □ □

正月は かぞくで ハワイへ 行《い》きます。

正月は かぞくで ハワイへ 行く。

④ □ □

夏休《なつやす》みは かぞくで キャンプを します。

夏休みは かぞくで キャンプだ。

10 ていねいな言い方 ②

名前

❀ ふつうの 言《い》い方《かた》に ○、ていねいな 言い方に ◎を つけましょう。

① ○ だいじょうぶですかと 言った。

② ◎ だいじょうぶですよと 言いました。

③ □ ぜったいに かつと 言った。

④ □ ぜん力で がんばりますと 言いました。

⑤ □ きのう、友《とも》だちと つりに 行った。

⑥ □ 今日《きょう》、作《さく》ひんが できあがりました。

⑦ □ アゲハチョウの たまごだ。

⑧ □ イルカが およいでいました。

10 ていねいな言い方 ③

名前

——線《せん》の　ことばを、ていねいな　言《い》い方《かた》に　しましょう。

① 妹《いもうと》は、バレークラブだ。

② お昼《ひる》は　オムライスを　食《た》べた。

③ この夏《なつ》は　海《うみ》に　出かけた。

④ 今回《こんかい》の　テストは　百点《ひゃくてん》だと　思《おも》う。

⑤ これは　わたしの　ものでは　ない。

⑥ ぜんぶ　食《た》べられるだろうか。

⑦ 雨の日は　タクシーを　つかう。

⑧ 雪《ゆき》が　ふりだした。

バレークラブです。

。

。

。

。

。

。

。

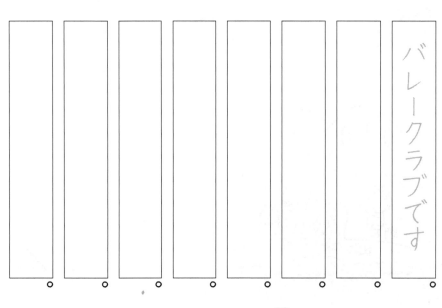

10 ていねいな言い方 ④

名前

——線《せん》の ことばを、ふつうの 言《い》い方《かた》に しましょう。

① 少し 高《たか》いです。

② 兄は 高校生《こうこうせい》です。

③ とても おいしいそうです。

④ テストは 百点《ひゃくてん》だと 思《おも》います。

⑤ 今《いま》は ありません。

⑥ なんとか かてないでしょうか。

⑦ トンネルに 近《ちか》づいては だめです。

⑧ よく わかりません。

① 高い 。
② 。
③ 。
④ 。
⑤ 。
⑥ 。
⑦ 。
⑧ 。

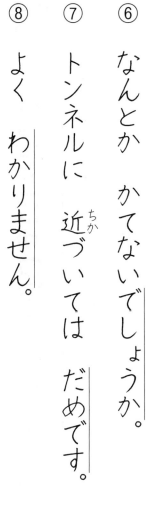

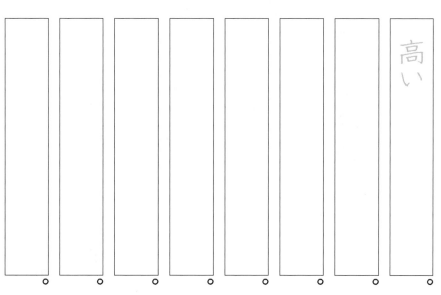

11 しゅ語とじゅつ語の三つの形《かたち》 ①

名前

✿ 文で「だれが（は）」、「なにが（は）」に あたる ことばを しゅ語《ご》と 言《い》います。
しゅ語に ――線《せん》を 引《ひ》きましょう。

① 赤ちゃんが 立《た》った。

② 妹《いもうと》が わらった。

③ 山が うごいた。

④ トンビが とぶ。

⑤ ボブが かった。

⑥ ヨーゼフは すわった。

⑦ 姉《あね》は おこった。

⑧ 川が とまった。

⑨ ペンギンは およぐ。

⑩ メアリは ゆずった。

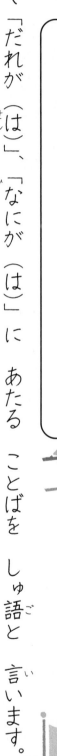

11 しゅ語とじゅつ語の三つの形《かたち》 ②

名前

✿ 文で①「どうした（どうする）」、②「どんなだ（ようす）」、③「なんだ」に　あたることばを　じゅつ語《ご》と　言《い》います。じゅつ語に　〜〜線《せん》を　引《ひ》きましょう。

① メロスが　走《はし》った。

② 弟《おとうと》が　ころんだ。

③ 木が　たおれる。

④ 日が　のぼる。

⑤ ジムが　作《つく》った。

⑥ 王さまは　歩《ある》いた。

⑦ 妹《いもうと》は　立ち上がった。

⑧ 草が　生える。

⑨ 月は　しずむ。

⑩ メイは　いただいた。

11 しゅ語とじゅつ語の三つの形《かたち》 ③

名前

しゅ語《ご》「だれ・なにが（は）」、じゅつ語「どうした（どうする）」の とき。
しゅ語に ――線《せん》、じゅつ語に 〜〜線を 引《ひ》きましょう。

① 花が きれいに さいた。

② 今《いま》、ゆめが かなった。

③ くじで 一とうが 当《あ》たった。

④ 台風《たいふう》が ゆっくり 近《ちか》づく。

⑤ たくさんの セミが 鳴《な》く。

⑥ ハトは バサバサ とんだ。

⑦ クマは 冬《ふゆ》の 間《あいだ》 ねている。

⑧ 汽車《きしゃ》は 力強《ちからづよ》く 走《はし》った。

⑨ 汽《き》てきが ポーッと 鳴る。

⑩ トムは はいと 言《い》った。

11 しゅ語とじゅつ語の三つの形《かたち》 ④

名前

しゅ語《ご》「だれ・なにが（は）」、じゅつ語「どんなだ」（ようす）のとき。
しゅ語に――線《せん》、じゅつ語に～～線を引《ひ》きましょう。

① 花が　とても　赤い。

② ゆめが　すごく　大きい。

③ ボブが　いちばん　早い。

④ ここの　カレーが　うまい。

⑤ 考《かんが》えが　少《すこ》し　あまい。

⑥ ひつじは　モフモフ　やわらかい。

⑦ み来《らい》は　たぶん　明《あか》るい。

⑧ うちの　タマは　黒《くろ》い。

⑨ 学校の　プールは　広《ひろ》い。

⑩ 今日《きょう》の　夕日は　うつくしい。

11 しゅ語とじゅつ語の三つの形《かたち》 ⑤

名前

✿ しゅ語《ご》「だれ・なにが（は）」、じゅつ語「なになにだ」の とき。
しゅ語に ―― 線《せん》、じゅつ語に 〜〜線を 引《ひ》きましょう。

① 赤い 花は うめだ。

② 小さい 虫は アメンボだ。

③ 人は みんな ヒーローだ。

④ トムの 家《いえ》は となりだ。

⑤ はこの 中は ひみつだ。

⑥ 次《つぎ》の 時間《じかん》は 算数《さんすう》だ。

⑦ 小さい 方《ほう》の 魚《さかな》は ハゼだ。

⑧ 野球《やきゅう》は いい スポーツだ。

⑨ 雨で 遠足《えんそく》は えんきだ。

⑩ ポチは わが家《や》の 犬だ。

11 しゅ語とじゅつ語の三つの形《かたち》 ⑥

名前

しゅ語《ご》に――線《せん》、じゅつ語に～～線を引《ひ》きましょう。

① リレー大会《たいかい》で　わたしの　チームが　ダントツで　ゆう勝《しょう》した。

② 今日《きょう》、できなかった　さか上がりが　はじめて　できた。

③ そだった　ひまわりの　花は　とても　大きい。

④ ルーシーの　絵《え》は　色《いろ》とりどりで　とても　うつくしい。

⑤ きのう　つかまえた　チョウは　オオムラサキだ。

⑥ ジョンの　お父《とう》さんは　とても　ゆう名な　画家《がか》だ。

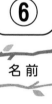

12 もっとくわしく ①

名前

✿ 線《せん》を むすんで、いみの とおる 文に しましょう。

(1)
① 子犬が ・ ・ ぎらぎら ・ ・ ねむる。
② 太《たい》ようが ・ ・ すやすや ・ ・ てりつける。
③ けむりが ・ ・ もくもく ・ ・ たちのぼる。

(2)
① タオルを ・ ・ ドンドン ・ ・ あらった。
② ドアを ・ ・ ザブザブ ・ ・ たたく。
③ 風《かぜ》が ・ ・ ビュービュー ・ ・ ふく。

12 もっとくわしく ②

名前

❀ 線《せん》を むすんで、いみの とおる 文に しましょう。

(1)

① おさらが ・ ・ がちゃん ・ ・ と われる。

② もんだいを ・ ・ ずるっ ・ ・ と とく。

③ ゆかで ・ ・ あっさり ・ ・ と すべる。

(2)

① 空気《くうき》が ・ ・ ばたん ・ ・ と もれる。

② とびらが ・ ・ どかん ・ ・ と とじる。

③ 花火が ・ ・ ぷしゅう ・ ・ と あがる。

12 もっとくわしく ③

名前

線《せん》を むすんで、いみの とおる 文に しましょう。

(1)

① 心《こころ》に ・　・ そっと ・　・と くる。

② 休日を ・　・ ずしん ・　・と すごす。

③ 妹《いもうと》を ・　・ ぼんやり ・　・見まもる。

(2)

① こわい 話《はなし》に ・　・ どすん ・　・と する。

② こおりは ・　・ ぞくっ ・　・と つめたい。

③ 岩《いわ》が ・　・ ひんやり ・　・と おちる。

12

もっとくわしく ④

名前

✿ 線《せん》を むすんで、いみの とおる 文に しましょう。

(1)

① 楽《たの》しみで ・ ・ わくわく ・ ・ してきた。

② くらやみで ・ ・ めらめら ・ ・ する。

③ ほのおが ・ ・ びくびく ・ ・ もえる。

(2)

① 風《かぜ》が ・ ・ しとしと ・ ・ ふく。

② ピンチに ・ ・ そよそよ ・ ・ ふる。

③ 雨が ・ ・ はらはら ・ ・ する。

13 どっちのことば？ ①

名前

✿「どうする」（うごきの　ことば）か、「どんなだ」（ようすの　ことば）の　どちらかに　なかまわけしましょう。

赤い　青い　走《はし》る　白い　歩《ある》く　あつい
さむい　はねる　うごく　あたたかい　とぶ　ころがる

「どうする」うごきのことば	

「どんなだ」ようすのことば	

13 どっちのことば？②

名前

「どうする」（うごきの ことば）か、「なんだ」（名前《なまえ》の ことば）の どちらかに なかまわけしましょう。

くだもの　野《や》さい　わらう　どうぶつ　なく　あそび

虫　おこる　よろこぶ　生きもの　かなしむ　はげます

「どうする」うごきの ことば	

「なんだ」名前の ことば	

13 どっちのことば？③

名前

「どんなだ」（ようすの　ことば）か、「なんだ」（名前《なまえ》の　ことば）の　どちらかに　なかまわけしましょう。

食《た》べもの　のみもの　おいしい　文ぼうぐ　早い　おやつ
デザート　おそい　強《つよ》い　べんとう　弱《よわ》い　かしこい

「どんなだ」ようすのことば	

「なんだ」名前のことば	

13 どっちのことば？ ④

名前

「どうする」か、「どんなだ」か、「なんだ」のどれかに　なかまわけしましょう。

書《か》く
絵《え》本
話《はな》す
かるい
かたい
やわらかい
スポーツ
あそぶ
本
学ぶ
おもい
ゲーム

「どうする」うごきのことば		「どんなだ」ようすのことば		「なんだ」名前のことば	

14 こそあどことば ①

もの、場《ば》しょ、方《ほう》こうを さす「こそあどことば」を なぞりましょう。

名前

こそあど	つかい方《かた》	イメージ	もの		場しょ	方こう
こ	話《はな》し手《て》に 近《ちか》いもの を さすとき		これ	この	ここ	こちら
そ	聞《き》き手に 近いもの を さすとき		それ	その	そこ	そちら
あ	話し手からも 聞き手からも 遠《とお》いもの を さすとき		あれ	あの	あそこ	あちら
ど	はっきり わからない ものを さすとき		どれ	どの	どこ	どちら

14

こそあどことば ②

名前

✿ 「こそあどことば」は 何《なに》を さして いますか。文中から えらびましょう。

① コンビニに 行《い》って、そこで アイスを 買《か》った。

② 黒《くろ》い 花びん、これは いいものだ。

③ ろう下の ポスター、あれは わたしが かいた。

④ 村はずれの 大草原《だいそうげん》、大ウサギは そこに いる。

⑤ はなれた ところに いる 犬、あれに パンを あげよう。

⑥ ふしぎな さいふ、これは 市場《いちば》で 買《か》った。

⑦ リビングの たな、そこに コインが おいてあった。

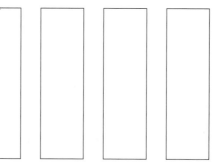

15 つないでつづけて ①

名前

❀ 書《か》き出《だ》しの 文に つづけて、書きすすめましょう。

① 夜中《よなか》に、カリカリ…という 音で 目が さめました。
音の する方《ほう》に 近《ちか》づいて、そーっと 見てみました。

すると、

② 足もとに 見たことが ない、木の はこが ありました。
「何《なに》が はいっているのかな。」あけてみました。

すると、もわもわもわっと 白い けむりが たくさん
出てきて、何も 見えないように なりました。

そして、

文と 文を つなぐ ことばを 「せつぞくし」と いいます。

15 つないでつづけて ②

名前

❀ 書《か》き出《だ》しの 文に つづけて、書きすすめましょう。

① 「さあ、あけてごらん。」
わたしは そっと ドアを あけました。

ところが

② 「こっちへ おいでよ。」と、弱々《よわよわ》しく よぶ声《こえ》が しました。
「だれ。」と、聞《き》きかえしてみました。

けれども

すると、

いがいな方《ほう》に お話を すすめる せつぞくしも あります。

16 どこでくぎるか文 ①

名前

線《せん》で くぎって、読《よ》みやすくしましょう。

① わたしはあしたたわしをわたします。

② きょうのりょうりきゅうりりょうりでりょうかい。

③ このこねこはこのこねこのこ。

④ いつかいっかいでいいからいつかかんいってみたい。

⑤ どいつにいちどいったがもういちどどいつにいってみたい。

⑥ どうろはどろでどろどろせつめいもしどろもどろ。

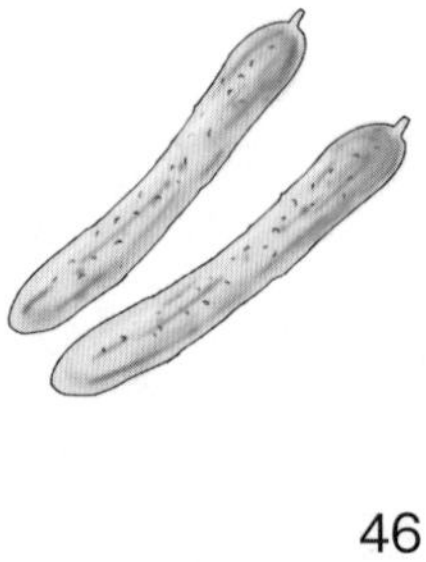

16 どこでくぎるか文 ②

線《せん》でくぎって、読《よ》みやすくしましょう。

名前

① おすしはおすしやおすすめおすしをおすすめした。

② このもちもちもちもちろんもちやさんにたのんだもち。

③ ちょこちょこっとちょこちょこかいにいく。

④ きょうきょうりゅうにきょうみがあるきようなこといた。

⑤ しゃべるはしゃべらないとしゃべることしゃべる。

⑥ とまととまとをまとめたまとにとまどうともといた。

17 かん字ガチャポン ①

ぶ分《ぶん》を たして できる かん字を 書《か》きましょう。

名前

① 言 ＋ 舌 ＝ □

② ナ ＋ 又 ＝ □

③ 氵 ＋ 也 ＝ □

④ 王 ＋ 里 ＝ □

⑤ 雨 ＋ 二 ＋ ム ＝ □

⑥ 立 ＋ 木 ＋ 見 ＝ □

⑦ 土 ＋ ト ＋ 人 ＝ □

⑧ 可 ＋ 可 ＋ 欠 ＝ □

17

かん字ガチャポン ②

ぶ分《ぶん》を　たして　できる　かん字を　書《か》きましょう。

名前

①
口
＋
玉
＝
□

②
矢
＋
口
＝
□

③
彦
＋
頁
＝
□

④
糸
＋
且
＝
□

⑤
艹
＋
日
＋
十
＝
□

⑥
竹
＋
目
＋
廾
＝
□

⑦
日
＋
羽
＋
隹
＝
□

⑧
日
＋
土
＋
寸
＝
□

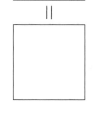

17 かん字ガチャポン ③

名前

ぶ分《ぶん》を　たして　できる　かん字を　書《か》きましょう。

①
女
＋
未
＝
妹

②
女
＋
市
＝
姉

③
門
＋
耳
＝

④
日
＋
門
＝

⑤
八
＋
刀
＝

⑥
糸
＋
白
＋
水
＝

⑦
米
＋
女
＋
夂
＝

⑧
マ
＋
用
＋
辶
＝

17 かん字ガチャポン ④

ぶ分《ぶん》を たして できる かん字を 書《か》きましょう。

名前

① 十 ＋ 日 ＋ 十 ＋ 月 ＝ □

② 土 ＋ ノ ＋ 子 ＋ 攵 ＝ □

③ 竹 ＋ 𠆢 ＋ 一 ＋ 口 ＝ □

④ 一 ＋ 口 ＋ ソ ＋ 一 ＋ 頁 ＝ □

18 ペアじゅく語づくり①

名前

一つの かん字で、二つの じゅく語《ご》を つくりましょう。

① 読《どく》□《しょ》　□《おん》読《どく》

② 雪《ゆき》□《やま》　□《しら》雪《ゆき》

③ 言《げん》□《ご》　□《ほう》言《げん》

④ □《せん》行《こう》　□《きょう》行《こう》

⑤ 南《なん》□《ぽう》　□《とう》南《なん》

⑥ 書《しょ》□《どう》　□《と》書《しょ》

⑦ 分《ぶん》□《ぼ》　□《はん》分《ぶん》

⑧ 方《ほう》□《こう》　□《いっ》方《ぽう》

⑨ 春《はる》□《かぜ》　□《しん》春《しゅん》

⑩ □《し》考《こう》　考《こう》□《こ》

⑪ □《にっ》記《き》　□《しょ》記《き》

⑫ 曜《よう》□《び》　□《きん》曜《よう》

18 ペアじゅく語づくり ②

名前

一つの かん字で、二つの じゅく語《ご》を つくりましょう。

① 肉《にく》□《てん》　□《ぎゅう》肉《にく》

② □《こ》話《ばなし》　□《かい》話《わ》

③ □《けん》聞《ぶん》　□《しん》聞《ぶん》

④ 黄《き》□《いろ》　黄《おう》□《ごん》

⑤ 色《いろ》□《じろ》　□《あか》色《いろ》

⑥ 黒《こく》□《てん》　□《しろ》黒《くろ》

⑦ 太《たい》□《こ》　□《まる》太《た》

⑧ 毛《け》□《あし》　毛《け》□《むし》

⑨ 高《こう》□《こう》　高《こう》□《げん》

⑩ 風《ふう》□《りょく》　□《たい》風《ふう》

⑪ 晴《せい》□《てん》　晴《せい》□《う》

⑫ 多《た》□《こく》　多《た》□《しょう》

18 ペアじゅく語づくり ③

名前

一つの かん字で、二つの じゅく語《ご》を つくりましょう。

① □形（たい けい）　□形（えん けい）

② □長（たい ちょう）　□長（てん ちょう）

③ □数（さん すう）　数□（すう がく）

④ 体□（たい いく）　□体（しょう たい）

⑤ 近□（ちか みち）　□近（えん きん）

⑥ 同□（どう じ）　同□（どう てん）

⑦ 今□（きょう）　今□（け さ）

⑧ 会□（かい しゃ）　□会（きょう かい）

⑨ 社□（しゃ ちょう）　社□（しゃ かい）

⑩ □刀（ぼく とう）　□刀（こ がたな）

⑪ □切（たい せつ）　□切（しん せつ）

⑫ □内（こう ない）　□内（ちょう ない）

18 ペアじゅく語づくり ④

名前

一つの　かん字で、二つの　じゅく語《ご》を　つくりましょう。

① □《しゅっ》店《てん》　□《らい》店《てん》

② 姉□《しまい》　姉《あね》□《うえ》

③ □《ちょう》妹《まい》　妹《いもうと》□《ぶん》

④ 線《せん》□《ぶん》　□《はく》線《せん》

⑤ 汽《き》□《しゃ》　汽《き》□《せん》

⑥ 海《かい》□《すい》　□《たい》海《かい》

⑦ 回《かい》□《せん》　□《ぜん》回《かい》

⑧ 歩《ほ》□《こう》　□《ぎゅう》歩《ほ》

⑨ 魚《ぎょ》□《にく》　小《こ》□《ざかな》

⑩ 広《こう》□《だい》　広《ひろ》□《ま》

⑪ 名《な》□《まえ》　午《ご》□《ぜん》

⑫ 元《げん》□《き》　□《おや》元《もと》

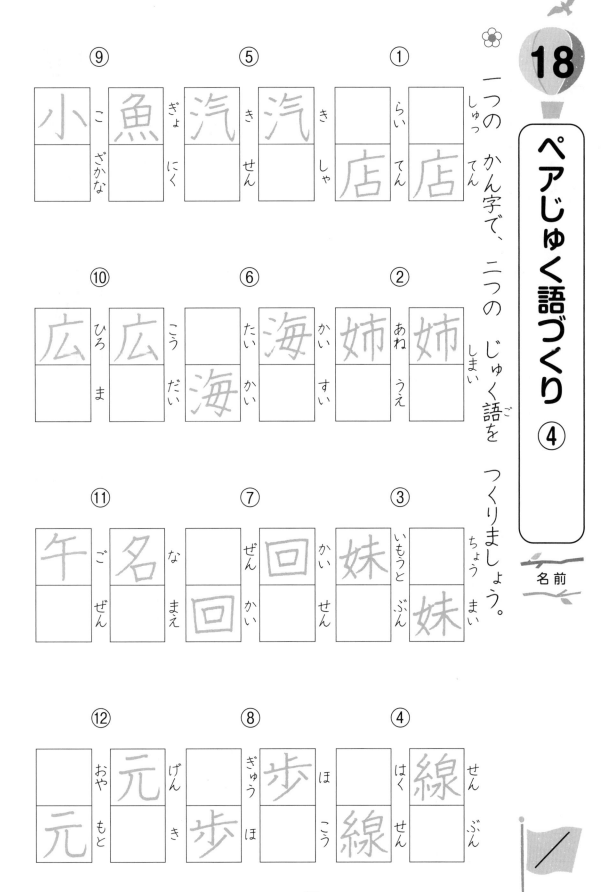

18 ペアじゅく語づくり ⑤

名前

一つの かん字で、二つの じゅく語《ご》を つくりましょう。

① 岩《がん》□《せき》　岩《いわ》□《やま》

② 教《きょう》□《しつ》　教《きょう》□《か》

③ □《にっ》光《こう》　光《こう》□《せん》

④ 知《ち》□《めい》　□《じん》知《ち》

⑤ □《ちょう》考《こう》　□《いっ》考《こう》

⑥ 室《しつ》□《がい》　室《しつ》□《ない》

⑦ 組《くみ》□《あい》　組《くみ》□《たて》

⑧ □《ぜん》後《ご》　後《こう》□《はん》

⑨ □《はな》丸《まる》　□《いち》丸《がん》

⑩ 点《てん》□《すう》　□《ち》点《てん》

⑪ □《ばい》買《ばい》　買《かい》□《て》

⑫ 友《ゆう》□《じん》　□《しん》友《ゆう》

18 ペアじゅく語づくり ⑥

名前

一つの かん字で、二つの じゅく語《ご》を つくりましょう。

① 羽《は》□《おと》　□《しら》羽《は》

② 雲《うん》□《かい》　□《せい》雲《うん》

③ 夏《なつ》□《ぞら》　夏《なつ》□《くさ》

④ 公《こう》□《えん》　公《こう》□《せい》

⑤ □《はな》園《その》　□《がく》園《えん》

⑥ 通《つう》□《こう》　□《こう》通《つう》

⑦ 万《ばん》□《こく》　□《せん》万《まん》

⑧ 頭《ず》□《じょう》　□《せん》頭《とう》

⑨ □《はく》鳥《ちょう》　□《こ》鳥《とり》

⑩ 朝《あさ》□《ひ》　□《そう》朝《ちょう》

⑪ 顔《かお》□《いろ》　□《しん》顔《がお》

⑫ 毎《まい》□《にち》　毎《まい》□《あさ》

18 ペアじゅく語づくり ⑦

名前

一つの かん字で、二つの じゅく語《ご》を つくりましょう。

① □《おお》家《や》　家《か》□《けい》

② 当《とう》□《じつ》　□《て》当《あて》

③ □《にん》間《げん》　□《くう》間《かん》

④ 昼《ちゅう》□《しょく》　昼《ちゅう》□《や》

⑤ 半《はん》□《ぶん》　□《ぜん》半《はん》

⑥ 電《でん》□《わ》　電《でん》□《き》

⑦ 外《がい》□《こく》　外《がい》□《しゅつ》

⑧ □《めい》声《せい》　□《おお》声《ごえ》

⑨ □《おん》楽《がく》　楽《らく》□《えん》

⑩ 親《おや》□《こ》　□《にく》親《しん》

⑪ 父《ふ》□《ぼ》　父《ちち》□《おや》

⑫ 母《ぼ》□《こく》　□《ぶん》母《ぼ》

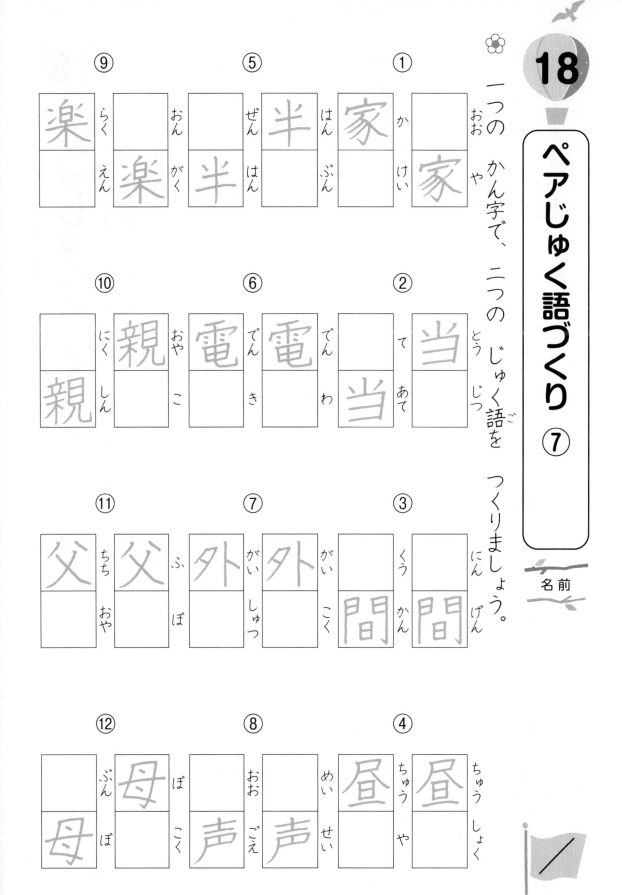

18 ペアじゅく語づくり ⑧

名前

一つの かん字で、二つの じゅく語《ご》を つくりましょう。

① 兄《あに》□《うえ》　□《ふ》兄《けい》

② □《きょう》弟《だい》　弟《おとうと》□《ぶん》

③ □《しょう》午《ご》　午《ご》□《ご》

④ 夜《よ》□《なか》　夜《や》□《かん》

⑤ 国《こく》□《がい》　国《こっ》□《かい》

⑥ 語《ご》□《がく》　□《こく》語《ご》

⑦ □《つう》算《さん》　□《けい》算《さん》

⑧ □《よう》紙《し》　□《て》紙《がみ》

⑨ 来《らい》□《こう》　□《け》来《らい》

⑩ □《まい》時《じ》　時《じ》□《かん》

⑪ 帰《き》□《こく》　帰《き》□《こう》

⑫ 何《なん》□《じ》　何《なん》□《ぷん》

18 ペアじゅく語づくり ⑨

名前

一つの かん字で、二つの じゅく語《ご》を つくりましょう。

① 里《さと》□《おや》　□《せん》里《り》

② 食《しょく》□《にく》　□《かい》食《しょく》

③ □《じ》明《めい》　明《めい》□《き》

④ □《ふる》池《いけ》　□《でん》池《ち》

⑤ 週《しゅう》□《かん》　□《せん》週《しゅう》

⑥ 番《ばん》□《ぐみ》　□《いち》番《ばん》

⑦ 東《とう》□《きょう》　東《とう》□《ほく》

⑧ □《き》京《きょう》　□《じょう》京《きょう》

⑨ 古《こ》□《ぶん》　□《ちゅう》古《こ》

⑩ □《しゃ》寺《じ》　□《やま》寺《でら》

⑪ 西《にし》□《び》　□《とう》西《ざい》

⑫ 止《し》□《すい》　□《ちゅう》止《し》

18

ペアじゅく語づくり ⑩

名前

一つの かん字で、二つの じゅく語《ご》を つくりましょう。

① □《しゃ》道《どう》　□《ほ》道《どう》

② □《やま》場《ば》　□《こう》場《じょう》

③ 台《だい》□《ほん》　台《だい》□《すう》

④ 新《しん》□《まい》　新《しん》□《さく》

⑤ 船《せん》□《ちょう》　□《ふう》船《せん》

⑥ 米《べい》□《さく》　□《はく》米《まい》

⑦ 秋《しゅう》□《ぶん》　□《せん》秋《しゅう》

⑧ 合《がっ》□《たい》　□《ば》合《あい》

⑨ 活《かつ》□《りょく》　□《せい》活《かつ》

⑩ 理《り》□《か》　□《しん》理《り》

⑪ 作《さっ》□《か》　□《がっ》作《さく》

⑫ 馬《ば》□《りき》　□《はく》馬《ば》

18 ペアじゅく語づくり ⑪

名前

一つの かん字で、二つの じゅく語《ご》を つくりましょう。

① 画《が》□《か》　□《さく》画《が》

② 用《よう》□《じん》　□《にち》用《よう》

③ □《て》首《くび》　□《じ》首《しゅ》

④ 細《さい》□《しん》　細《さい》□《く》

⑤ □《ほう》角《がく》　□《し》角《かく》

⑥ □《もっ》工《こう》　□《じん》工《こう》

⑦ 科《か》□《もく》　□《ひゃっ》科《か》

⑧ 鳴《なる》□《こ》　□《みみ》鳴《な》り

⑨ 雨《あま》□《ど》　戸《こ》□《がい》

⑩ 麦《むぎ》□《ちゃ》　□《こ》麦《むぎ》

⑪ 茶《ちゃ》□《みせ》　茶《ちゃ》□《ばたけ》

⑫ 地《ち》□《か》　□《と》地《ち》

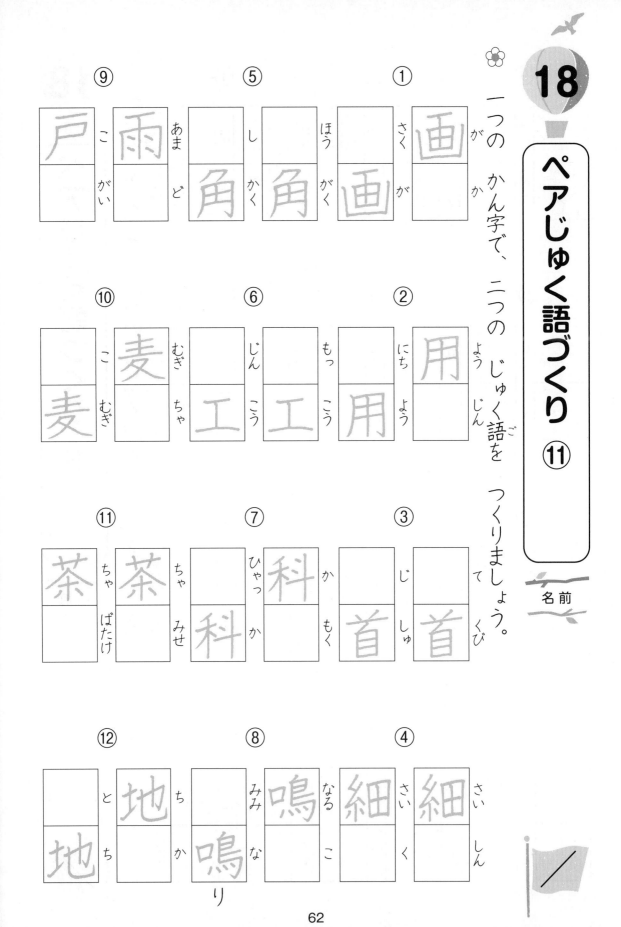

18

ペアじゅく語づくり ⑫

名前

一つの かん字で、二つの じゅく語《ご》を つくりましょう。

① 市《いち》□《ば》　市《し》□《ちょう》

② 自《じ》□《ぶん》　自《じ》□《そく》

③ 歌《うた》□《ごえ》　□《こっ》歌《か》

④ □《おや》心《こころ》　□《ちゅう》心《しん》

⑤ □《せい》答《とう》　□《かい》答《とう》

⑥ 野《や》□《せい》　□《ぶん》野《や》

⑦ □《の》原《はら》　□《そう》原《げん》

⑧ 冬《ふゆ》□《げ》　冬《ふゆ》□《やま》

⑨ 星《ほし》□《ぞら》　□《きん》星《せい》

⑩ 少《しょう》□《すう》　少《しょう》□《しょく》

⑪ 走《そう》□《りょく》　□《りき》走《そう》

⑫ 交《こう》□《ゆう》　□《しん》交《こう》

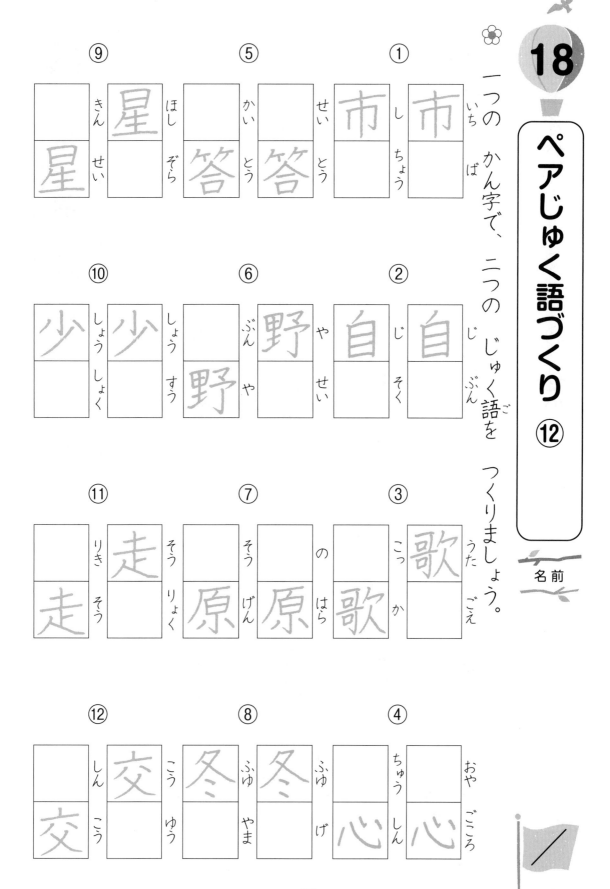

19 かん字・おくりがな ①

名前

かん字と　おくりがなを　書《か》きましょう。

① 本を　よむ　。

② 考《かんが》えを　いう　。

③ 遠《とお》くへ　いく　。

④ 文字を　かく　。

⑤ お金を　わける　。

⑥ 会《かい》話《わ》が　わかる　。

⑦ み来《らい》を　おもう　。

⑧ 家《いえ》まで　あるく　。

⑨ 先生と　はなす　。

⑩ 理《り》由《ゆう》を　きく　。

⑪ 歌《うた》が　きこえる　。

⑫ 雲《くも》が　くろい　。

⑬ 手《て》首《くび》が　ふとい　。

⑭ せ・が　たかい　。

⑮ 気《き》分《ぶん》が　たかまる　。

19 かん字・おくりがな ②

名前

かん字と　おくりがなを　書《か》きましょう。

① 考《かんが》えを　［　　］（たかめる）。

② 明日《あす》は　［　　］（はれる）。

③ 気が　［　　］（つよい）。

④ こまを　［　　］（まわす）。

⑤ 女子が　［　　］（おおい）。

⑥ 話《はなし》が　［　　］（ながい）。

⑦ 数《かず》を　［　　］（かぞえる）。

⑧ 顔《かお》が　［　　］（ちかい）。

⑨ 当番《とうばん》が　［　　］（おなじ）。

⑩ 室長《しつちょう》と　［　　］（あう）。

⑪ 頭《あたま》が　［　　］（きれる）。

⑫ 体《からだ》が　［　　］（よわる）。

⑬ 目が　［　　］（まわる）。

⑭ 手を　［　　］（ひく）。

⑮ 紙《かみ》を　［　　］（きる）。

19 かん字・おくりがな ③

名前

かん字と　おくりがなを　書《か》きましょう。

① 公園《こうえん》は　（　　　）《ひろい》。

② 花を　（　　　）《うる》。

③ 村まで　（　　　）《とおい》。

④ 町まで　（　　　）《はしる》。

⑤ 店長《てんちょう》に　（　　　）《おしえる》。

⑥ 星《ほし》が　（　　　）《ひかる》。

⑦ 足《た》るを　（　　　）《しる》。

⑧ 先を　（　　　）《かんがえる》。

⑨ 手を　（　　　）《くむ》。

⑩ 本店《ほんてん》の　（　　　）《うしろ》。

⑪ 形《かたち》が　（　　　）《まるい》。

⑫ 紙《かみ》を　（　　　）《まるめる》。

⑬ 本を　（　　　）《かう》。

⑭ 海《うみ》を　（　　　）《とおる》。

⑮ 車を　（　　　）《とおす》。

19 かん字・おくりがな ④

名前

かん字と　おくりがなを　書《か》きましょう。

① 当番《とうばん》を　□《あてる》。

② 今《いま》を　□《たのしむ》。

③ 音楽《おんがく》に　□《したしむ》。

④ 友人《ゆうじん》が　□《くる》。

⑤ 午前《ごぜん》で　□《かえる》。

⑥ 牛肉《ぎゅうにく》を　□《たべる》。

⑦ 形《かたち》が　□《ふるい》。

⑧ 白線《はくせん》で　□《とまる》。

⑨ 力を　□《あわす》。

⑩ 工作《こうさく》を　□《つくる》。

⑪ 糸が　□《ほそい》。

⑫ 鳥《とり》が　□《なく》。

⑬ 歌《うた》を　□《うたう》。

⑭ 正しく　□《こたえる》。

⑮ 数《かず》が　□《すくない》。

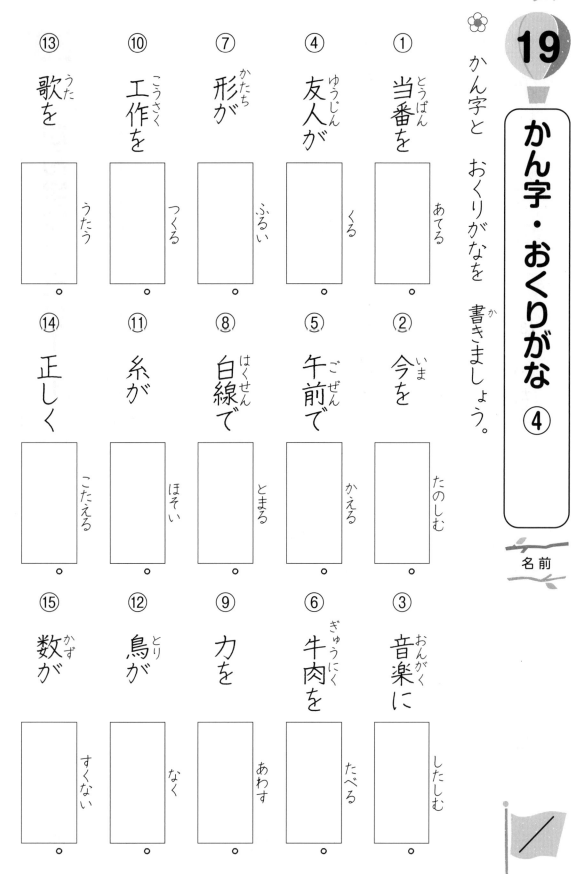

20 かん字ファミリー①

名前

✿ 家《か》ぞくに　かんけいが　ある　かん字を　書《か》きましょう。

① おや

② いえ

③ こ

④ ちち

⑤ あね

⑥ はは

⑦ あに

⑧ いもうと

⑨ おとうと

20 かん字ファミリー ②

名前

曜日《ようび》、きせつ、時間《じかん》に　かんけいが　ある　かん字を　書《か》きましょう。

①げつ
②か
③すい
④もく
⑤きん
⑥ど
⑦にち
⑧よう
⑨はる
⑩なつ
⑪あき
⑫ふゆ
⑬あさ
⑭ひる
⑮よる
⑯ご　ぜん
⑰しょう　ご
⑱ご　ご

20 かん字ファミリー ③

名前

学校に かんけいが ある かん字を 書《か》きましょう。

① こく ご

② さん すう

③ と しょ

④ しゃ かい

⑤ せい かつ

⑥ り か

⑦ おん がく

⑧ たい いく（育）

⑨ ず が

⑩ こう さく

⑪ さく ぶん

⑫ しょ どう

20

かん字ファミリー④

名前

色《いろ》や　しぜんに　かんけいが　ある　かん字を　書《か》きましょう。

① あか
② あお
③ き
④ しろ
⑤ くろ
⑥ ちゃ
⑦ あめ
⑧ ゆき
⑨ くも
⑩ さん　りん
⑪ しん　りん
⑫ かわら
⑬ の　はら
⑭ や　そう
⑮ あさ　がお
⑯ うみ

21 かん字クロス ①

名前

矢《や》じるしの むきに じゅく語《ご》が できます。□に 入る かん字を 書《か》きましょう。

①
音 → □
目 → □
□ → 点
□ → 書

②
小 → □
親 → □
水 → □
白 → □

③
強 → □
北 → □
□ → 船
□ → 力

④
□ → 道
□ → 土
□ → 金
□ → 色

⑤
□ → 会
□ → 頭
□ → 科
□ → 室

⑥
算 → □
少 → □
□ → 字
□ → 学

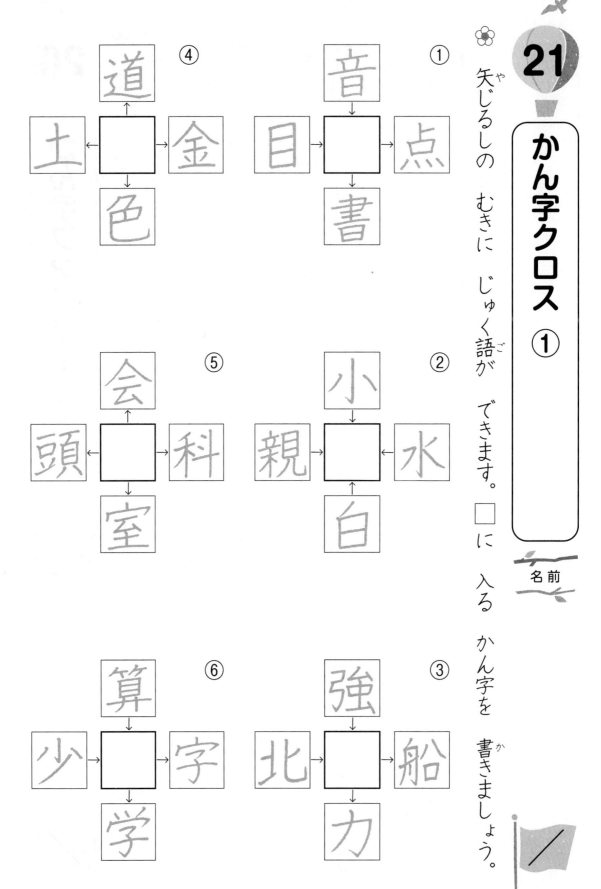

21

かん字クロス②

名前

矢《や》じるしの むきに じゅく語《ご》が できます。□に 入る かん字を 書《か》きましょう。

①
園
↑
立 ← □ → 言
↓
正

②
一
↓
思 → □ → 古
↑
長

③
計
↓
目 → □ ← 合
↓
数

④
字
↓
火 ← □ → 用
↓
力

⑤
石
↓
先 → □ → 上
↓
金

⑥
朝
↓
新 → □ → 形
↓
色

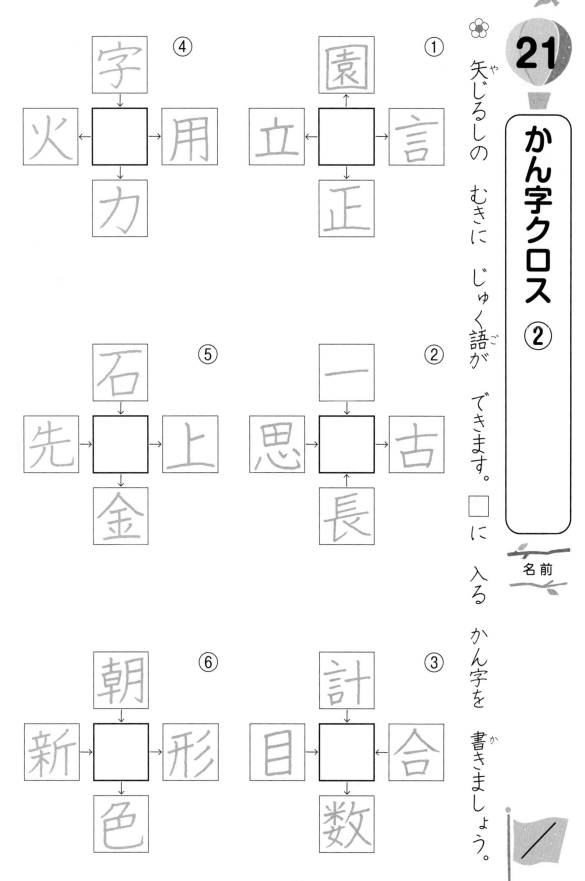

21 かん字クロス③

名前

✿ 矢《や》じるしの むきに じゅく語《ご》が できます。□に 入る かん字を 書《か》きましょう。

①

	直	
	↓	
回 →	□	→ 京
	↓	
	国	

②

	公	
	↓	
学 →	□	→ 長
	↑	
	楽	

③

	歩	
	↓	
水 →	□	← 近
	↑	
	花	

④

	工	
	↓	
足 →	□	← 立
	↓	
	合	

⑤

	国	
	↓	
校 →	□	→ 声
	↓	
	手	

⑥

	一	
	↓	
交 →	□	← 出
	↓	
	地	

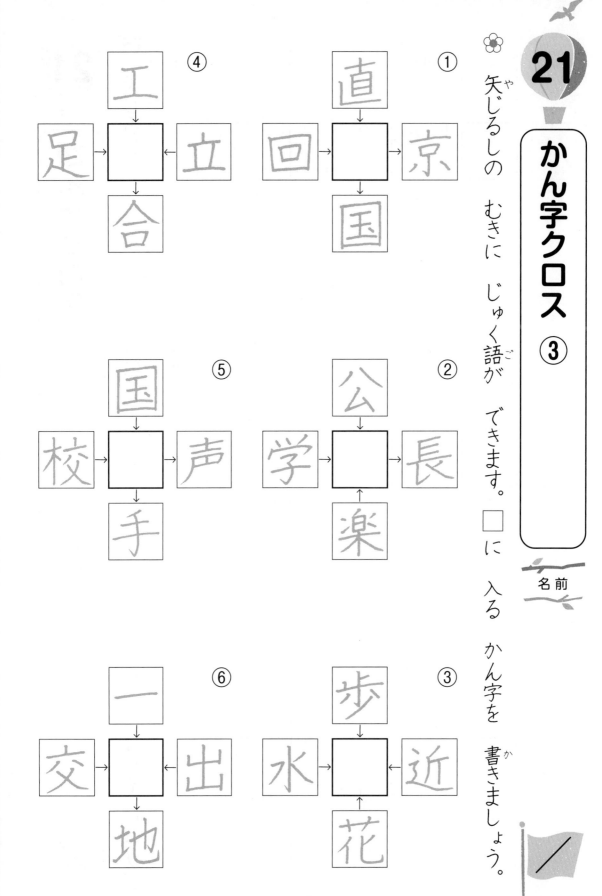

21 かん字クロス ④

名前

矢《や》じるしの むきに じゅく語《ご》が できます。□に 入る かん字を 書《か》きましょう。

①
	金	
土	→ □ →	日
	水（↑）	

上：金↓、左：土→、右：→日、下：水↑

②
上：強↓、左：←火、右：→点、下：↓体

③
上：遠↓、左：手→、右：→道、下：↓海

④
上：大↓、左：公→、右：→中、下：↓水

⑤
上：読↓、左：図→、右：→名、下：↓道

⑥
上：東↓、左：西→、右：→方、下：↓北

22 かん字クロス ⑤

名前

／

矢《や》じるしの むきに じゅく語《ご》が できます。□に 入る かん字を 書《か》きましょう。

①

　　間
　　↑
角 ← □ → 大
　　↓
　　言

②

　　大
　　↓
白 → □ → 原
　　↓
　　国

③

　　前
　　↓
直 → □ ← 午
　　↓
　　半

④

　　一
　　↓
人 → □ → 長
　　↓
　　形

⑤

　　工
　　↓
自 → □ → 家
　　↑
　　新

⑥

　　多
　　↓
回 → □ → 学
　　↓
　　字

22 かん字クロス ⑥

名前

矢《や》じるしの　むきに　じゅく語《ご》が　できます。□に　入る　かん字を　書《か》きましょう。

①

内
↑
朝 → □ → 長
↓
場

②

立
↓
土 → □ → 下
↓
上

③

頭
↓
白 → □ → 車
↑
力

④

同
↓
三 → □ → 間
↑
当

⑤

本
↑
地 ← □ → 風
↓
形

⑥

本
↓
風 ← □ → 家
↓
歌

22 どっちのカナかな？①

名前

✿ カタカナで 書《か》くものに、**どうぶつの 鳴《な》き声《ごえ》**、**ものの 音**、**外国《がいこく》の 国名・地名《ちめい》・人名・来《き》たもの**が あります。どうぶつの 鳴き声と いろいろな ものの 音を 分けて、カタカナで 書きましょう。

どうぶつの鳴き声

いろいろなものの音

ヒント

ワンワン　ニャー
コケコッコー　ガラガラ
ピューピュー　ゴーン
カアカア　モー
カーン　コツコツ
キャンキャン　ゴシゴシ

22 どっちのカナかな？ ②

名前

カタカナで 書《か》くものに、**どうぶつの 鳴《な》き声《ごえ》、ものの 音、外国《がいこく》の 国名・地名《ちめい》・人名・来《き》たもの**が あります。外国の 国名と 外国から 来た ことばを 分けて、カタカナで 書きましょう。

外国の国名

外国から来たことば

ヒント

インド　アメリカ
イギリス　コーヒー
メダル　サラダ
カナダ　フランス
コップ　メニュー
オーストラリア　エプロン

22 どっちのカナかな？ ③

名前

カタカナで 書《か》くものに、**どうぶつの 鳴《な》き声《ごえ》、ものの 音、外国《がいこく》の 国名・地名《ちめい》・人名・来《き》たもの**が あります。外国の 地名と 外国の 人名を 分けて、カタカナで 書きましょう。

外国の地名

外国の人名

ヒント

パリ　ロンドン　エジソン　シカゴ　リンカーン　デリー
トロント　ノーベル　ジョブズ　シドニー　レオナルド　ニュートン

22 どっちのカナかな？④

名前

✿ カタカナで 書《か》く ことばを えらんで、文を つくりましょう。

①

［　　　］へ 行《い》って ［　　　］と ほえる ［　　　］を 見た。

アフリカ　バス　ガオー　ライオン　ソクラテス

②

［　　　］の お店《みせ》で ［　　　］と ［　　　］を 食《た》べた。

ドイツ　バス　ハンバーグ　ソーセージ　ガヤガヤ

③

［　　　］の みずうみで ［　　　］に のって ［　　　］を 見た。

イギリス　ザブン　ボート　ネッシー　パスタ

23 どっちの字かな？①

名前

「わ」か「は」の どちらかの 字を 書《か》きましょう。

① こんにち□、きのう□、どうも。

② □たし□、□けが、□かりません□。

③ に□に□、に□とり□、いません。

④ ぼく□、□りばし□、いりません。

⑤ こんばん□。こんや□、おせ□に なります。

⑥ わたし□、□く□、□ずしません。

⑦ □し□、□け□、□なせぬ。

23 どっちの字かな？ ②

名前

「お」か「を」の どちらかの 字を 書《か》きましょう。

① [お]かし[を] [お]ばあさんに [お]とどけする。

② お□くの 人□ たすける □金□ □くる。

③ 車□ なおすの□ 人に □ねがい□ する。

④ □に□ た□す人□ さがすの□ やめる。

⑤ □かし□ 人に わけるの□ てつだう。

⑥ お□くの ごみ□ もちかえる 人□ ほめる。

⑦ やくそく□ やぶり 玉手ばこ□ あける。

24 数えることば ①

名前

ものの 数《かぞ》え方《かた》を 書《か》きましょう。

① はん

一	二	三	四	五	六	七	八	九	十
	はん		はん	はん		はん		はん	

② 魚《さかな》

一	二	三	四	五	六	七	八	九	十
	ひき		ひき	ひき		ひき		ひき	

③ 時間《じかん》

一	二	三	四	五	六	七	八	九	十
	ふん			ふん		ふん		ふん	

④ 辺《へん》

一	二	三	四	五	六	七	八	九	十
	へん		へん	へん		へん		へん	

⑤ えんぴつ

一	二	三	四	五	六	七	八	九	十
	ほん		ほん	ほん		ほん		ほん	

24 数えることば ②

名前

ものの 数《かぞ》え方《かた》の 読《よ》み方を 書《か》きましょう。

① 一人（　　　）
② 二人（　　　）
③ 一日（ついたち）
④ 二日（ふつか）
⑤ 三日（　　　）
⑥ 四日（　　　）
⑦ 五日（　　　）
⑧ 六日（　　　）
⑨ 八日（　　　）
⑩ 九日（　　　）
⑪ 十日（　　　）
⑫ 一本（　　　）
⑬ 三本（　　　）
⑭ 六本（　　　）
⑮ 十本（　　　）
⑯ 一羽（　　　）
⑰ 三羽（　　　）
⑱ 十羽（　　　）
⑲ 百羽（　　　）
⑳ 千羽（　　　）

25

文字のかいだん ①

名前

つぎの 字から はじまる ことばを さがして 書《か》きましょう。

①

あ き

か

さ

た

②

な

は

ま

や

③

ら

わ

い

き

④

し

ち

に

ひ

⑤

み

り

う

く

⑥

す

つ

ぬ

ふ

25 文字のかいだん ②

名前

つぎの 字から はじまる ことばを さがして 書《か》きましょう。

① え る ゆ む

② ね て せ け

③ お れ め へ

④ の と そ こ

⑤ ろ よ も ほ

⑥ げ ぐ ぎ が

26

はんたいことば ①

名前

❀ はんたいの いみに なる ことばを [ ] から えらんで 書《か》きましょう。

① 強《つよ》い ↔ [ ]

② 細《ほそ》い ↔ [ ]

③ 高《たか》い ↔ [ ]

④ 少《すく》ない ↔ [ ]

⑤ 安《やす》い ↔ [ ]

⑥ 近《ちか》い ↔ [ ]

⑦ 長《なが》い ↔ [ ]

⑧ せまい ↔ [ ]

⑨ 出る ↔ [ ]

⑩ かたい ↔ [ ]

⑪ 行《い》く ↔ [ ]

⑫ 買《か》う ↔ [ ]

遠《とお》い　広《ひろ》い　やわらかい　太《ふと》い　高《たか》い　売《う》る　弱《よわ》い　帰《かえ》る　ひくい　短《みじか》い　多《おお》い　入る

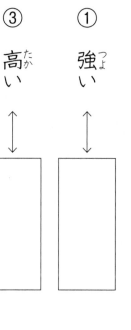

26 はんたいことば ②

名前

はんたいの いみに なる ことばを □ から えらんで 書《か》きましょう。

① 午前《ごぜん》 ↔ □

② 引《ひ》く ↔ □

③ ふえる ↔ □

④ 上り ↔ □

⑤ 後《うし》ろ ↔ □

⑥ 出口 ↔ □

⑦ 夜《よる》 ↔ □

⑧ 内《うち》 ↔ □

⑨ 女 ↔ □

⑩ 左 ↔ □

⑪ 南《みなみ》 ↔ □

⑫ 西《にし》 ↔ □

北《きた》　下り　前《まえ》　男　東《ひがし》　おす　午後《ごご》　入り口　右　昼《ひる》　外《そと》　へる

27

そっくりことば ①

名前

にた　いみの　ことばを　□から　えらんで　書《か》きましょう。

① あける……□

② とじる……□

③ きれい……□

④ 正す……□

⑤ 光《ひか》る……□

⑥ 話《はな》す……□

⑦ 持《も》つ……□

⑧ 書く……□

⑨ 走《はし》る……□

⑩ もどる……□

⑪ なくす……□

⑫ 足す……□

うつくしい
しめる
つかむ
しゃべる
うしなう
ひきかえす
直《なお》す
ひらく
記《しる》す
かがやく
ふやす
かける

27 そっくりことば ②

名前

にた いみの ことばを ［　］から えらんで 書《か》きましょう。

① おどろく

② おそれる

③ たくさん

④ 見る

⑤ ようい

⑥ 道《みち》

⑦ 太《たい》よう

⑧ 火

⑨ もらう

⑩ 返《かえ》す

⑪ 言《い》う

⑫ 聞《き》く

いっぱい
こわがる
おひさま
道《どう》ろ
話《はな》す
もどす
ながめる
びっくりする
ほのお
じゅんび
たずねる
いただく

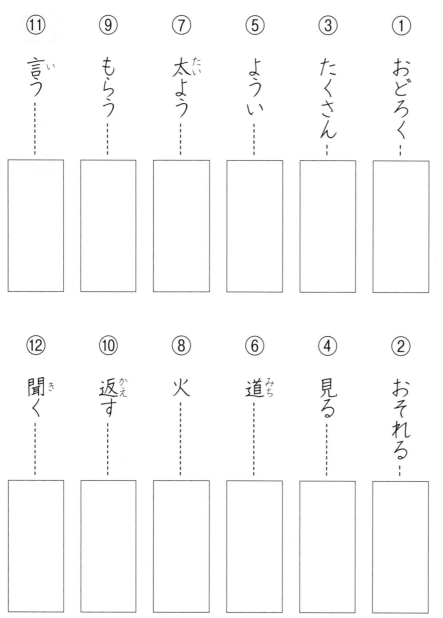

28

ことばの計算《けいさん》 ①

名前

✿ 二つの ことばを たして、一つの ことばに しましょう。

(れい) とぶ ＋ おきる ＝ とびおきる

① みず ＋ てっぽう ＝

② かぜ ＋ くるま ＝

③ とぶ ＋ はこ ＝

④ ふで ＋ はこ ＝

⑤ まめ ＋ まく ＝

⑥ まく ＋ すし ＝

28 ことばの計算《けいさん》②

名前

✿ 二つの ことばを たして、一つの ことばに しましょう。

（れい） わかい ＋ かえる ＝ わかがえる

① うんどう ＋ くつ ＝

② あめ ＋ みず ＝

③ なわ ＋ とぶ ＝

④ かん ＋ つめる ＝

⑤ けす ＋ ゴム ＝

⑥ はな ＋ ひ ＝

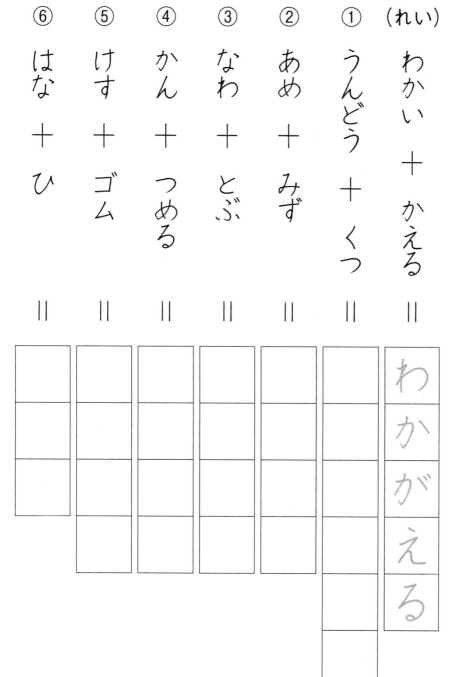

28 ことばの計算《けいさん》③

名前

二つの ことばを たして、一つの ことばに しましょう。

（れい） 古《ふる》い ＋ 本 ＝ 古本

① 細《ほそ》い ＋ 長《なが》い ＝

② 遠《とお》い ＋ 回《まわ》る ＝

③ 長い ＋ 引《ひ》く ＝

④ 長い ＋ くつ ＝

⑤ 走《はし》る ＋ 回る ＝

⑥ 青い ＋ 虫 ＝

28 ことばの計算《けいさん》④

名前

❀ 一つの　ことばを　二つに　分《わ》けましょう。

(れい) 古《ふる》本 ＝ 古い ＋ 本

① 虫とり ＝ □ ＋ □□

② のみ水 ＝ □□ ＋ □

③ 見《み》おくる ＝ □□ ＋ □□□

④ 本立《た》て ＝ □ ＋ □□□

⑤ とり組《く》み ＝ □□ ＋ □□

⑥ 小川 ＝ □□□ ＋ □

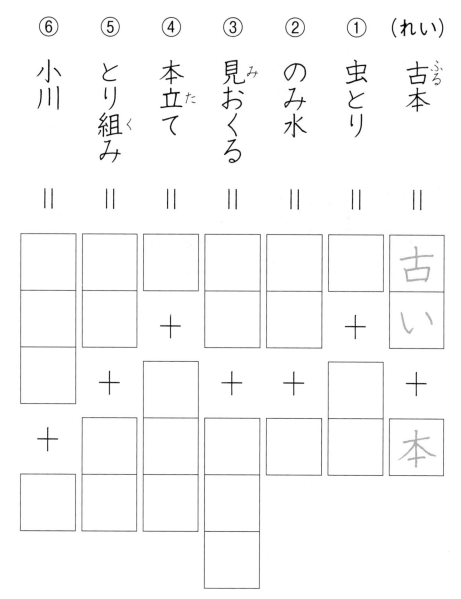

29 まちがいさがし ①

名前

ちがって いる ところが 三つ あります。ちがいを せつめいしましょう。

右

左

①

一つ目は、くじらの いちが

ちがう

ところです。

②

二つ目は、うさたんの もって いる

ところです。

③

三つ目は、うしろの

ところです。

29

まちがいさがし ②

名前

ちがって　いる　ところが　三つ　あります。ちがいを　せつめいしましょう。

右　左

①

一つ目は、たこくんが

ところです。

②

二つ目は、うさたんが　どうぐを　もって　いる

ところです。

③

三つ目は、三日月の

ところです。

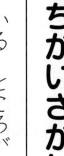

30 ことばでアナウンス ①

名前

✿ 学校に、①どんな ゆうぐが あるか、②どんな ゆうぐが あれば いいかを つたえる 文を 書《か》きましょう。

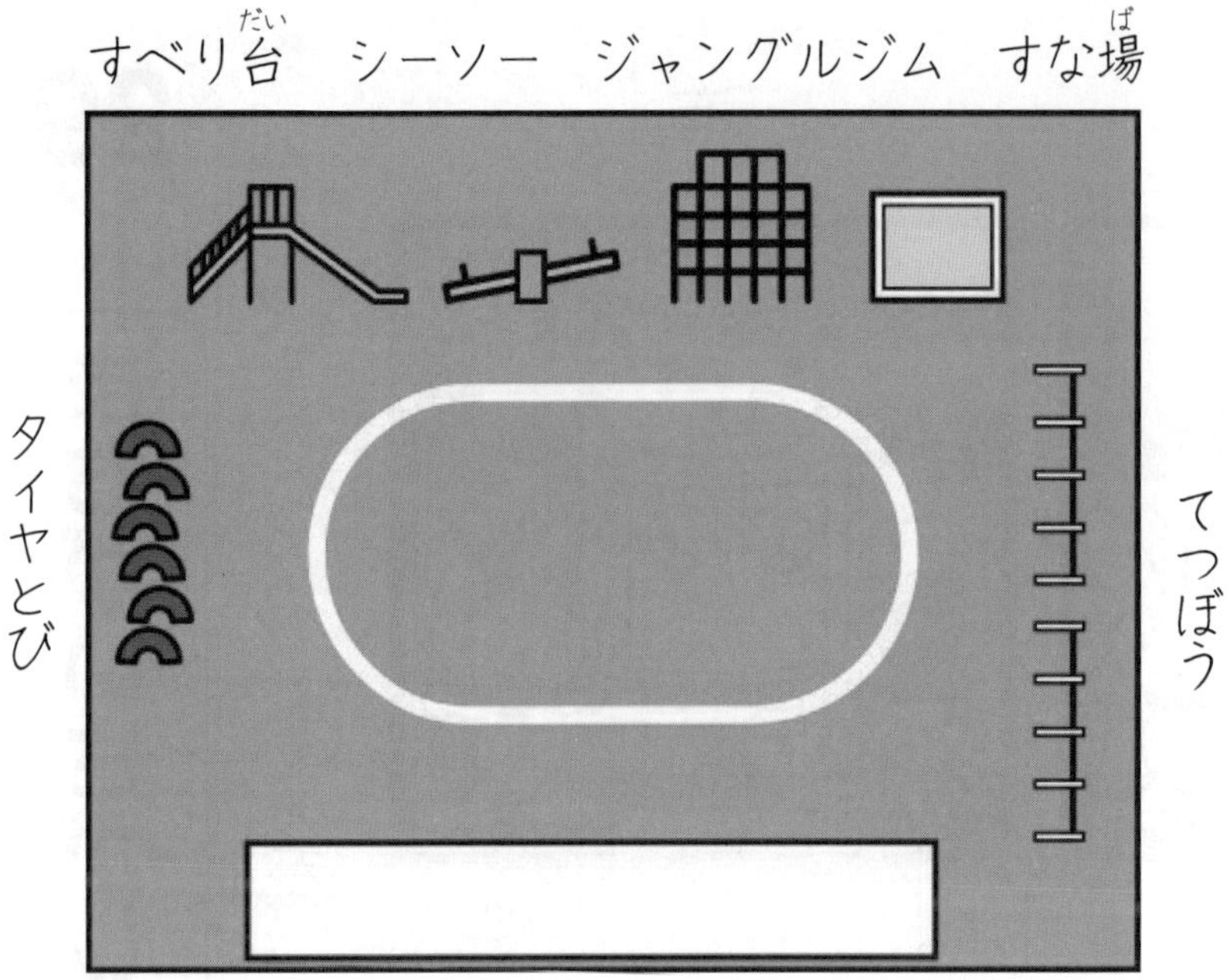

①

があります。

わたしは、すべり台が一ばんすきです。

②あと、

が

あればいいなと思います。

30 ことばでアナウンス ②

名前

／

げたばこから、①図工室《ずこうしつ》までの 道《みち》あん内《ない》、②四年一組《くみ》までの 道あんないを 書《か》きましょう。

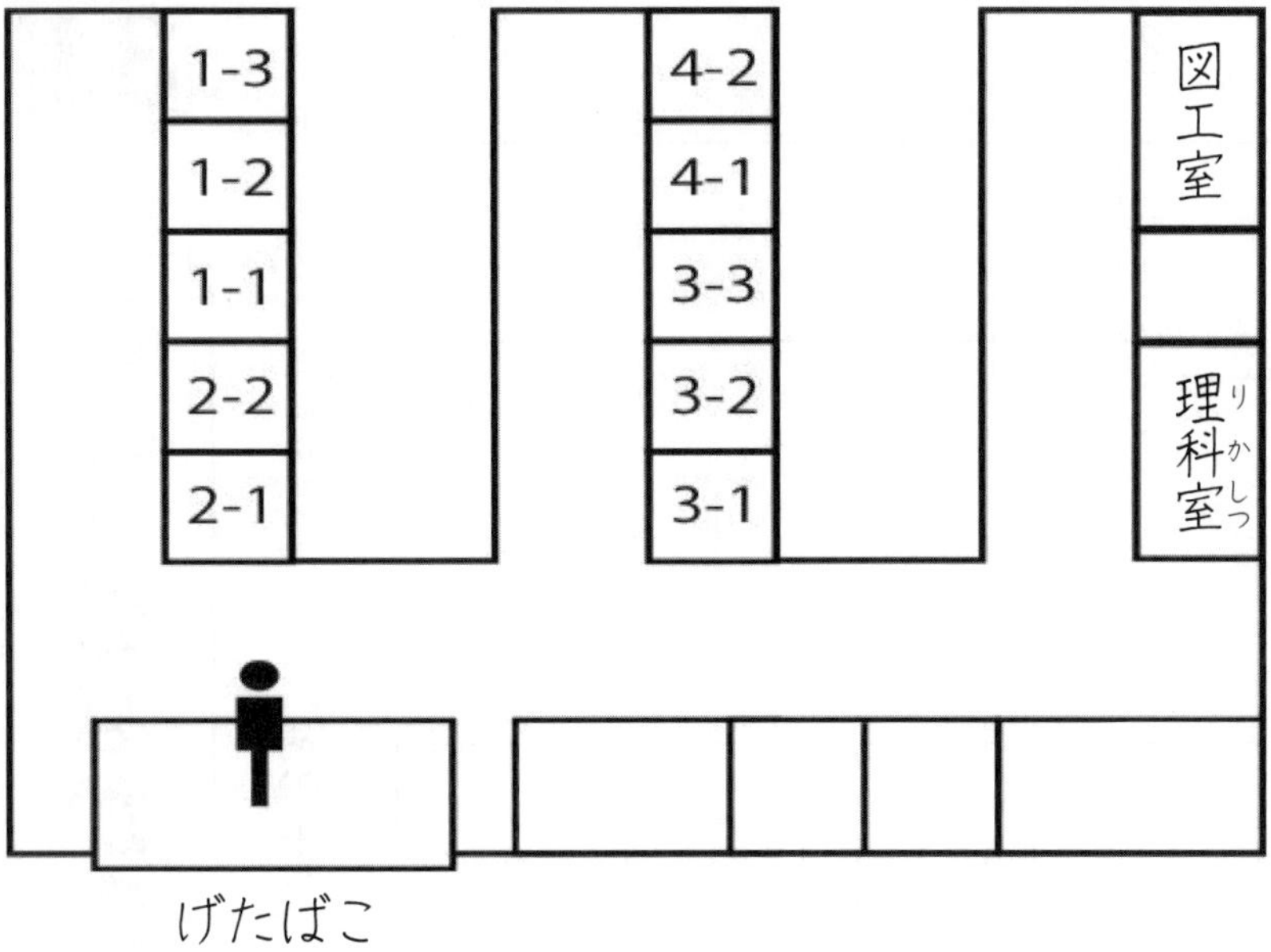

① 図工室までの道あん内

② 四年一組までの道あん内

31 ことばのなかま分け ①

名前

／

✿ □の ことばを なかま分《わ》けして、書《か》きましょう。

①

鳥 のなかま

つばめ		

②

のなかま

あさがお
つばめ
とんび
ほうせんか
ひまわり
きじ

花　鳥《とり》

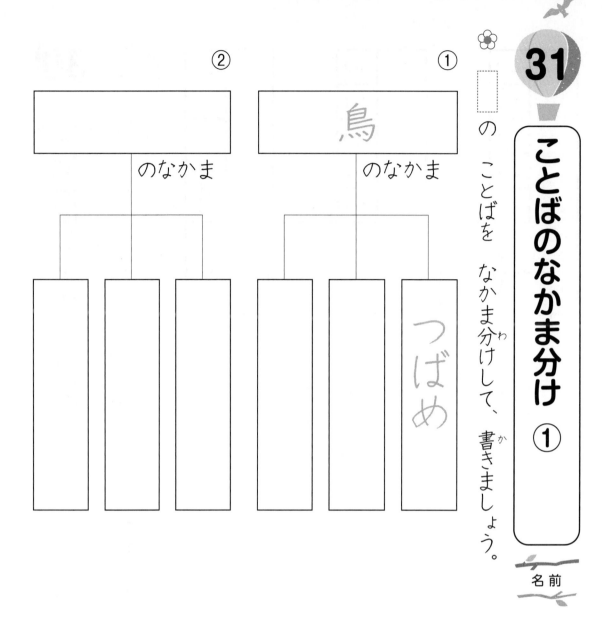

31 ことばのなかま分け ②

名前

□のことばを　なかま分《わ》けして、書《か》きましょう。

①

□のなかま

早い

②

□のなかま

走る

走《はし》る　早い　高《たか》い　とぶ　なげる　長《なが》い　うごき　ようす

31 ことばのなかま分け ③

名前

□の ことばを なかま分《わ》けして、書《か》きましょう。

①

□ のなかま

□ □ サクラ

②

□ のなかま

□ □ □

キリン
サクラ
モミジ
ライオン
カメレオン
クヌギ
どうぶつ
しょくぶつ

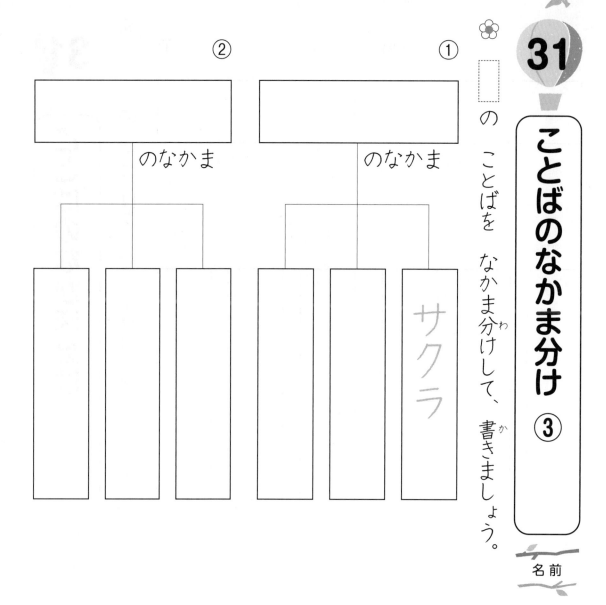

31 ことばのなかま分《わ》け ④

名前

□の　ことばを　なかま分《わ》けして、書《か》きましょう。

①

のなかま

赤い		

②

のなかま

食《た》べもの
赤い
小さい
のりもの
どうぶつ
大きい
ようす
名前《なまえ》

32 まいごさがし ①

名前

お知《し》らせを　読《よ》んで、まいごの　人を　さがし、記《き》ごうで　答《こた》えましょう。

お知らせ

まいごの　おしらせです。
ぼうしを　かぶって
リュックサックを　せおい
星《ほし》の　もようの　シャツを　きた
女の子が　まいごに
なって　います。
見かけた　人は
お知らせください。

まいごの　女の子は　[　　]

32

まいごさがし ②

名前

㋐～㋓の図《ず》を もとに、まいごの 人を さがす 文を 書《か》きましょう。

まいごの 女の子は ㋐ です。

お知《し》らせ

まいごの お知らせです。

見かけた 人は、お知らせください。

33 じゅん番せつめい ①

名前

みんなで かけっこを しました。文を 読《よ》んで、じゅん番《ばん》を せつめいしましょう。

かえるたんは ウッキーより 下の じゅんい。
うさたんは かえるたんより 上のじゅんい。
ウッキーは うさたんより 下の じゅんい。

かけっこの じゅんいを 言《い》います。

一番は

みんな がんばりました。

33 じゅん番せつめい ②

名前

みんなで スイカわりを しました。文を 読《よ》んで、じゅん番《ばん》を せつめい しましょう。

かえるたんは パンちゃんより 下の じゅんい。
くまっちは パンちゃんより 上の じゅんい。
パンちゃんは くまっちより 下の じゅんい。

スイカわりの じゅんいを 言《い》います。

一番は

みんな がんばりました。

34 時《じ》間《かん》のじゅん番 ①

名前

① きのうの 夜《よる》、ねる前《まえ》に したことを 三つ えらび、じゅん番《ばん》に 1〜3の 数字《すうじ》を 書《か》きましょう。

- [1] 顔《かお》を あらう。
- [ ] あしたの じゅんびを する。
- [ ] どう画《が》を 見る。
- [ ] ふくを たたむ。
- [ ] しゅくだいを する。
- [ ] 本を 読《よ》む。
- [ ] はを みがく。
- [ ] おてつだいを する。

② 1〜3の じゅん番に 文を 書きましょう。（自分《じぶん》で作《つく》ってもいいです）

夜、ねる前に したことです。

1 まず 顔を あらいました。

2 そして

3 さいごに

34 時《じ》間《かん》のじゅん番 ②

名前

① 学校から 帰《かえ》って、 したことを 三つ えらび、 じゅん番《ばん》に 1〜3の 数字《すうじ》を 書《か》きましょう。

- [1] あいさつを する。
- [ ] しゅくだいを する。
- [ ] へやで あそぶ。
- [ ] くつを そろえる。
- [ ] あしたの じゅんびを する。
- [ ] 外で あそぶ。
- [ ] かばんを おく。
- [ ] ほんを 読《よ》む。
- [ ] そうじを する。

② 1〜3の じゅん番に 文を 書きましょう。（自《じ》分《ぶん》で 作《つく》っても いいです）

学校から 帰って したことです。

1 はじめに あいさつを しました。

2 つぎに

3 そのつぎに

35

三場《ば》めんものがたり ①

名前

三まいの 図《ず》から、ものがたりを つくりましょう。

はじめ

なか

おわり

35

三場《ば》めんものがたり ②

名前

三まいの 図《ず》から、ものがたりを つくりましょう。

はじめ

なか

おわり

36 いいところ見つけたよ作文《さくぶん》 ①

名前

はじめ・なか・おわりの　かたちで　お手紙文《てがみぶん》を　書《か》いて、つたえましょう。

自分《じぶん》の名前	おわり	なか	はじめ	あい手の名前《なまえ》
	これから、リクエスト	いいところを見つけた できごと、ようす、エピソード	いいところ	

（　　　　）さん

（　　　　）さん、（

）がんばってくれて、ありがとうございます。

この前《まえ》も、（

）

これからも（

）

（　　　　）

36 いいところ見つけたよ作文《さくぶん》 ②

名前

はじめ・なか・おわりの　かたちで　お手紙文《てがみぶん》を　書《か》いて、つたえましょう。

おわり	なか	はじめ	タイトル 名前《なまえ》
まとめのことば	くわしいせつめい、エピソード	知《し》らせたいこと	

37 かんさつシート①

名前

下のポイントにそって、かんさつで大切《たいせつ》なことを書《か》きましょう。

題《だい》 セミのぬけがら

日づけ 7月11日水曜《すいよう》 天気 晴《は》れ

（　　　）でセミのぬけがらを見つけました。

ぬけがらは、（　　　）のような色《いろ》です。

（　　　）みると（　　　）よりも（　　　）みると（　　　）、（　　　）みると

（　　　）音がして、今《いま》にもこわれそうでした。

ポイント

↑いつ

↑どこで

↑なにを見つけた？

↑見てわかるようすは？

・もってみると？

・さわってみると？

37 かんさつシート ②

名前

「さいきん　かんさつした　こと」を　書《か》きましょう。

だい

日づけ

月　日　曜《よう》　天気

ポイント

↑いつ

↑どこで

↑なにを見つけた？

↑見てわかるようすは？

・もってみると？

・さわってみると？

38 ふしぎかんさつ ①

名前

書《か》き出《だ》しに　つづけて　お話《はなし》を　つくり、ふしぎな　かんさつを　書《か》きましょう。

五月三日　金曜日《きんようび》　くもり
今日《きょう》、帰《かえ》り道《みち》で　ふしぎな　いきものを　見ました。
大きさは（　　　　）ぐらいの　大きさで、
色《いろ》は（　　　　）のような　黄色《きいろ》で、からだには
（　　　　）のような　もようが　ありました。
近《ちか》づいて　さわってみると、（　　　　）
して　いました。しばらくすると、いきものは
（　　　　）

38 ふしぎかんさつ ②

名前

書《か》き出《だ》しに　つづけて　お話《はなし》を　つくり、ふしぎな　かんさつを　書《か》きましょう。

六月二十四日　金曜日《きんようび》　くもり

今日《きょう》、帰《かえ》り道《みち》で　空とぶ円ばんを　見ました。

大きさは（　　　）ぐらいの　大きさで、

形《かたち》は（　　　）のような　まるい　形です。

色《いろ》は（　　　）のような（　　　）でした。

まどから（　　　）が見えました。

しばらくすると、円ばんは（

）

39

あとでやくだつさいきんメモ①

名前

あとから やくに 立つ、さいきん 読《よ》んだ 本の メモを 書《か》きましょう。

さいきん　読んだ　本メモ	
月　　日	おすすめど　☆☆☆
だい名	
書いた人	
この本を　一文で　まとめると！ ※あらすじや　わかったこと、知ったことを　一文で　メモしましょう。	
①	
だった主人公《しゅじんこう》が	
②	
によって	
③	
になる話《はなし》	

ヒント

①はじまり…ものがたりの　はじまり
②なか…いろいろな　できごと
③おわり（けつまつ）…ものがたりが　どのように　おわるか？
の　見方で　まとめてみましょう。

39

あとでやくだつさいきんメモ ②

名前

あとから やくに 立つ、さいきん 読《よ》んだ 本の メモを 書《か》きましょう。

さいきん 読んだ 本メモ	
月 日	おすすめど ☆☆☆
だい名	
書いた人	
この本から 学んだこと！ ※わかったこと、知ったことを かじょう書きで メモしましょう。	
①	
②	
③	

40 四きのはいく ①

名前

五文字、七文字、五文字を えらんで、春《はる》の はいくを つくりましょう。

いろいろな ヒントの くみあわせを 考《かんが》えてみましょう。

（れい）

五　しんがっき

七　やるきいっぱい

五　はりきるぞ

①

②

③

ヒントの春のことば

五音	五音	五音	七音
ひばりなく	たんぽぽの	みつばちや	つくしみつけた
つばめとぶ	なのはなや	げんきよく	はるかぜそよぐ
うぐいすや	よもぎのは	きれいだな	きいろいはなが
さくらさく	すみれさく	しんがっき	やるきいっぱい
そよそよと	ブンブンと	かわいいな	てんとうむしも
れんげそう	つくしんぼ	はりきるぞ	いちねんせいが

40 四きのはいく ②

名前

五文字、七文字、五文字を　えらんで、夏《なつ》の　はいくを　つくりましょう。

いろいろな　ヒントの　くみあわせを　考《かんが》えてみましょう。

（れい）

五　なつやすみ

七　くわがたむしを

五　つかまえた

①

②

③

ヒントの夏のことば

五音			七音
かぶとむし	うかんでる	ひまわりに	とんぼとばった
しろいくも	すいかわり	なつやさい	ラジオたいそう
あおいそら	えだまめと	カエルなく	とうもろこしを
せみのこえ	ぷちとまと	あさはやく	むぎわらぼうし
ねむたいな	うみのいえ	かきごおり	くわがたむしを
たべました	なつやすみ	つかまえた	プールのむこう

40 四きのはいく ③

名前

五文字、七文字、五文字を えらんで、秋《あき》の はいくを つくりましょう。

ヒントの ことばを 少し かえて みたり、くふうしたりしましょう。

（れい）
五 もみじのは
七 だんだんいろが
五 あかくなる

①

②

③

ヒントの秋のことば

五音			七音
あかとんぼ	コスモスや	いわしぐも	さんまをやいて
こおろぎが	ひがんばな	どんぐりを	だんだんいろが
すずむしや	かえりみち	もみじがり	コロコロなくよ
もみじのは	あきのよる	さつまいも	たくさんさいた
いちょうのき	ついてくる	うちのにわ	たくさんとった
ねこじゃらし	あかくなる	あきのやま	こうようすすむ

40 四きのはいく ④

名前

✿ 五文字、七文字、五文字を えらんで、冬《ふゆ》のはいくを つくりましょう。

（れい）

五	七	五
ゆきだるま	ころころつくる	しろいいき

①

②

③

ヒントの ことばを 少し かえて みたり、くふうしたり しましょう。

ヒントの冬のことば

五音	五音	五音	七音
さざんかが	ゆきがふる	ふってくる	ころころつくる
すいせんが	ゆきだるま	マラソンで	こたつのなかで
わたりどり	しろいいき	かぜがふく	そろそろゆきが
うめのはな	てぶくろを	いいかおり	かまくらつくり
ひいらぎの	くもりぞら	ゆずのふろ	たくさんういて
みのむしが	あたためる	つめたいな	おうちのなかで

41 かんたん三行し ①

名前

三行《さんぎょう》の しを なぞり、自分《じぶん》でも つくりましょう。

（れい）

だい　さかあがり

おひるやすみ　てつぼうで
くるんと　一しゅう
できちゃった

一行目　いつ？どこ？
二行目　やってみたこと
三行目　思ったこと

- いつ？
- どこ？
- 何《なに》をした？
- 何が見える？
- どう思《おも》った？
- かんじた？

だい

一行目　二行目　三行目

41 かんたん三行し ②

名前

三行《さんぎょう》の　しを　なぞり、自分《じぶん》でも　つくりましょう。

だい　あさがお

さわってみると

はっぱ　ざらざら

少し　ちくちく

一行目　どうすると？
・見る
・さわる
・聞《き》く

二行目　やってみて？
・何《なに》をかんじた？
・何が見えた？

三行目　思ったこと
・どう思《おも》った？
・かんじた？

だい

一行目　二行目　三行目

42 ことばあそび ①

名前

① 上から 読《よ》んでも、 下から 読んでも いみが わかる 二文字の ことばを さがしましょう。

せみ	↔	みせ
かめ	↔	めか
たい	↔	いた
たね	↔	ねた
なつ	↔	つな
しか	↔	かし

② まんなかの 一文字を くふうして できあがりです。（と、の、も……）

せみのみせ		
かめのめか		

42 ことばあそび ②

名前

① 先頭《せんとう》の 文字に つなげて、文を 作《つく》りましょう。

（れい）

か	れーがだいすき。
き	のうもカレー。
く	ってくってくいまくる。
け	っしてあきずに。
こ	んやもカレー。

か	
き	
く	
け	
こ	

43 三文作文《さくぶん》

名前

「できごと」に ついて、三つの 文で かんたんに 書《か》きましょう。

（れい）
①きのう、鳥山《とり》さんと いっしょに 公園《こうえん》に 行《い》きました。
②公園で、さんぽしている すごく 大きな 白い 犬を 見ました。
③わたしより 大きかったので、びっくりしました。

① いつ、どこで、だれと、どうした、を 書きましょう。

一文目

② どんなことをしたか、もう少《すこ》し くわしく 書きましょう。

二文目

③ かんそう、気づき、ふりかえり、わかったこと、これを いかして つぎに したいこと、などを 書きましょう。

三文目

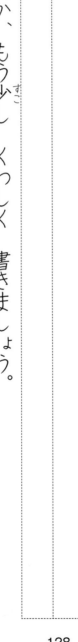

43

一文日記《にっき》

名前

毎日《まいにち》の　できごとを、一文で　書《か》きましょう。

(れい)

五月二十日(水)今日《きょう》、じゅぎょうで　トマトの　なえを　うえました。

月　　日(　)

月　　日(　)

月　　日(　)

月　　日(　)

月　　日(　)

44 げんこう用紙《ようし》のつかい方《かた》 ①

名前

だいと 名前《なまえ》と だんらくの 書《か》きはじめ

だい

×××ポゴのぼうけん

「だい」二〜三マスあける

名前

こくご　りか×

「名前」いちばん下のマスをあける

書き出し

×ある日、すごい雨がふりました。

いちばん下の。はおなじマスに入れる

うつして 書いて みましょう。

だい

名前

書き出し

44 げんこう用紙《ようし》のつかい方《かた》 ②

名前

「」の つかい方

一マスあける

「は一マスつかう

ポゴは、

「よし、ぼくがいく。」

と言《い》いました。

。」は一マスつかう

うつして 書《か》いて みましょう。

45 まちがえてマスよ①

名前

✿げんこう用紙《ようし》の　つかい方《かた》で　まちがいが　四つ　あります。○で　かこみ、りゆうを　書《か》きましょう。

　遠足《えんそく》の思《おも》い出《で》

　　　　　　　　　おか　かずお

きのう、記《き》ねん公園《こうえん》に行《い》きました

。天気もよく、みんなわくわくし

ていました。

①

②

③

④

まちがっているりゆう

①

②

③

④

45 まちがえてマスよ ②

名前

文が 正しく なるように 。を 二つと、「」を 一組《ひとくみ》 書《か》き入れましょう。

①

遠《えん》足《そく》からかえると、
おかあさんが、
おかえりなさい
といいました

②

姉《あね》は、
おみやげは
とわらいながら、いい
ました

今スグ使える国語プリント　2年生　答え

【P.4】1. あったらいいな作文①
（れい）
① まず、ゲームを　します。
それから、見たい　どうがを　見まくります。
さらに、そのほか　やってみたい　ことを　します。
そして、人の　二ばい、がんばります。
② まず、ごはんを　おいしくします。
それから、りょうりを　作ってみます。
さらに、おいしい　りょうりを　出す　レストランを　作ります。
そして、せかいじゅうに　おいしい　りょうりを　ひろめていきます。

【P.5】1. あったらいいな作文②
（れい）
① まず、学校まで　空中を　走って　行きます。
それから、公園や　コンビニに　とんで　行きます。
そして、行きたいと　思った　ところに　どんどん　行きます。
すると、たくさんの　ことを　知ることが　できます。
② まず、びょう気の　心ぱいを　しなくて　よくなります。
それから、びょう気に　かかっても　すぐ　なおります。
そして、みんなが　あん心して　くらせます。
すると、前むきに　生きる　ことが　できます。

【P.6】2. ことバイキング①
（れい）
国王…明るい、前むき、どりょく家
王子…たくましい、そそっかしい、ゆう気がある
王女…親切、やさしい、正直
ひめ…ちえのある、ひょうきん、こわがり

【P.7】2. ことバイキング②
（れい）
けん…人気のある、めずらしい、りっぱ
馬車…きれい、早い、べんり
家…ひっそり、りっぱ、みごと
ペット…おもしろい、目立つ、めずらしい

【P.8】3. 文をならべかえましょう①
㋑→㋓→㋒→㋐

【P.9】3. 文をならべかえましょう②
㋑→㋐→㋓→㋒

【P.10】4. こどもそうだんしつ①
（れい）
① たいへんですね。さくせんを　しっかり　たててみれば　どうでしょうか。
② いえに　かえったら、そのまま　げんかんで　しゅくだいを　したら　どうでしょうか。

【P.11】4. こどもそうだんしつ②
（れい）
① だれかに　とって　もらって、すぐ　にげましょう。
② いろいろな　ともだちに　きいてみたり、やって　みたい　ことを　かきだして　みましょう。

【P.12】5. 同じパーツのかん字①
① 読　計　② 元　光　③ 花　茶　④ 外　多
⑤ 村　校　⑥ 室　安　⑦ 線　組　⑧ 曜　時

【P.13】5. 同じパーツのかん字②
① 近　道　② 切　分　③ 海　池　④ 昼　早
⑤ 記　語　⑥ 作　何　⑦ 合　台　⑧ 国　図

【P.14】6. マジカル・オノマトペ①
（れい）
① チャプチャプ　ポチャン　ザブーン　バシャ　ポトン
ジャバジャバ　チョロチョロ　ジャー　など
② ビュー　ビュービュー　ヒューヒュー　ピュー
ビュン　ゴーゴー　ヒュー　ゴー　など

【P.15】6. マジカル・オノマトペ②
(1) ① ザーザー　② シトシト　③ ポツポツ
(2) ① ワンワン　② クンクン　③ キャンキャン

【P.16】7. まるで～のように①
(1) ①—㋑　②—㋐　③—㋒
(2) ① こおり　② りんご　③ あり

【P.17】7. まるで～みたいに②
(1) ①—㋐　②—㋒　③—㋑
(2) ① 海　② すみ　③ 太よう

【P.18】8. ふきだしものがたり①

（れい）

「おかわり！」

「ねっちゅうしょうには　ちゅういしないとね！」

【P.19】8. ふきだしものがたり②

（れい）

「わるい　まもの、やっつけて　いただけますか。」

「だいじょうぶ、かならず　やっつけて　もどってきます。」

【P.20】8. ふきだしものがたり③

（れい）

「おたんじょうび　おめでとう。すっごく　おいしい　バースデーケーキだよ。」

「ありがとう！　今年で　百五十さいなんだ！」

【P.21】8. ふきだしものがたり④

（れい）

「これ　あけて。なんか、ごそごそ　うごいてる。」

「きっと　ふしぎな　ようせいが　入ってたり　するんだよ。」

【P.22】9. ふきだしの書き方①

しょうりゃく

【P.23】9. ふきだしの書き方②

① うさたんが、
「ぼうけんしよう。」

といいました。
② くまさんが、
「みんな、おいでよ。」

とよびました。

【P.24】10. ていねいな言い方①

①○と◎　②○と◎
③◎と○　④◎と○

【P.25】10. ていねいな言い方②

①○　②◎　③○　④◎
⑤○　⑥◎　⑦○　⑧◎

【P.26】10. ていねいな言い方③

① バレークラブです　② 食べました
③ 出かけました　④ 思います
⑤ ありません　⑥ でしょうか
⑦ つかいます　⑧ ふりだしました

【P.27】10. ていねいな言い方④

① 高い　② 高校生だ
③ そうだ　④ 思う
⑤ ない　⑥ だろうか
⑦ だめだ　⑧ わからない

【P.28】11. しゅ語とじゅつ語の三つの形①

① 赤ちゃんが　立った。　② 妹が　わらった。
③ 山が　うごいた。　④ トンビが　とぶ。
⑤ ボブが　かった。　⑥ ヨーゼフは　すわった。
⑦ 姉は　おこった。　⑧ 川が　とまった。
⑨ ペンギンは　およぐ。　⑩ メアリは　ゆずった。

【P.29】11. しゅ語とじゅつ語の三つの形②

① メロスが　走った。　② 弟が　ころんだ。
③ 木が　たおれる。　④ 日が　のぼる。
⑤ ジムが　作った。　⑥ 王さまは　歩いた。
⑦ 妹は　立ち上がった。　⑧ 草が　生える。
⑨ 月は　しずむ。　⑩ メイは　いただいた。

【P.30】11. しゅ語とじゅつ語の三つの形③

① 花が　きれいに　さいた。
② 今、　ゆめが　かなった。
③ くじで　一とうが　当たった。
④ 台風が　ゆっくり　近づく。
⑤ たくさんの　セミが　鳴く。
⑥ ハトは　バサバサ　とんだ。
⑦ クマは　冬の間　ねている。
⑧ 汽車は　力強く　走った。
⑨ 汽てきが　ポーッと　鳴る。
⑩ トムは　はいと　言った。

【P.31】11. しゅ語とじゅつ語の三つの形④

① 花が　とても　赤い。
② ゆめが　すごく　大きい。
③ ボブが　いちばん　早い。
④ ここの　カレーが　うまい。
⑤ 考えが　少し　あまい。
⑥ ひつじは　モフモフ　やわらかい。
⑦ み来は　たぶん　明るい。
⑧ うちの　タマは　黒い。

⑨ 学校の　プールは　広い。
⑩ 今日の　夕日は　うつくしい。

【P. 32】 11. しゅ語とじゅつ語の三つの形⑤

① 赤い　花は　うめだ。
② 小さい　虫は　アメンボだ。
③ 人は　みんな　ヒーローだ。
④ トムの　家は　となりだ。
⑤ はこの　中は　ひみつだ。
⑥ 次の　時間は　算数だ。
⑦ 小さい　方の　魚は　ハゼだ。
⑧ 野球は　いい　スポーツだ。
⑨ 雨で　遠足は　えんきだ。
⑩ ポチは　わが家の　犬だ。

【P. 33】 11. しゅ語とじゅつ語の三つの形⑥

① リレー大会で　わたしの　チームが　ダントツで　ゆう勝した。
② 今日、できなかった　さか上がりが　はじめて　できた。
③ そだった　ひまわりの　花は　とても　大きい。
④ ルーシーの　絵は　色とりどりで　とても　うつくしい。
⑤ きのう　つかまえた　チョウは　オオムラサキだ。
⑥ ジョンの　お父さんは　とても　ゆう名な　画家だ。

【P. 34】 12. もっとくわしく①

(1) ① 子犬が　ギラギラ　ねむる。
② 太ようが　すやすや　てりつける。
③ けむりが　もくもく　たちのぼる。
(2) ① タオルを　ドンドン　あらった。
② ドアを　ザブザブ　たたく。
③ 風が　ビュービュー　ふく。

【P. 35】 12. もっとくわしく②

(1) ① おさらが　がちゃん　と　われる。
② もんだいを　ずるっ　と　とく。
③ ゆかで　あっさり　と　すべる。
(2) ① 空気が　ばたん　と　もれる。
② とびらが　どかん　と　とじる。
③ 花火が　ぷしゅう　と　あがる。

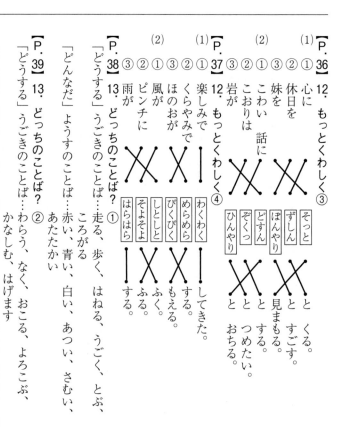

【P. 36】 12. もっとくわしく③

(1) ① 心に　そっと　と　くる。
② 休日を　ずしん　と　すごす。
③ 妹を　ぼんやり　と　見まもる。
(2) ① こわい　話に　どすん　と　する。
② こおりは　ぞくっ　と　つめたい。
③ 岩が　ひんやり　と　おちる。

【P. 37】 12. もっとくわしく④

(1) ① 楽しみで　わくわく　してきた。
② くらやみで　めらめら　する。
③ ほのおが　びくびく　もえる。
(2) ① 風が　しとしと　ふく。
② ピンチに　そよそよ　ふる。
③ 雨が　はらはら　する。

【P. 38】 13. どっちのことば？①

「どうする」うごきのことば…走る、歩く、はねる、うごく、とぶ、ころがる
「どんなだ」ようすのことば…赤い、青い、白い、あつい、さむい、あたたかい

【P. 39】 13. どっちのことば？②

「どうする」うごきのことば…わらう、なく、おこる、よろこぶ、かなしむ、はげます
「なんだ」名前のことば…くだもの、野さい、どうぶつ、あそび、虫、生きもの

【P. 40】 13. どっちのことば？③

「どんなだ」ようすのことば…おいしい、早い、おそい、強い、弱い、かしこい
「なんだ」名前のことば…食べもの、のみもの、文ぼうぐ、おやつ、デザート、べんとう

【P. 41】 13. どっちのことば？④

「どうする」うごきのことば…書く、話す、あそぶ、学ぶ
「どんなだ」ようすのことば…かるい、かたい、やわらかい、おもい

【P. 42】 14. こそあどことば①

「なんだ」名前のことば…絵本、スポーツ、本、ゲーム、しょうりゃく

【P. 43】 14. こそあどことば②

① コンビニ　② 花びん　③ ポスター　④ 大草原

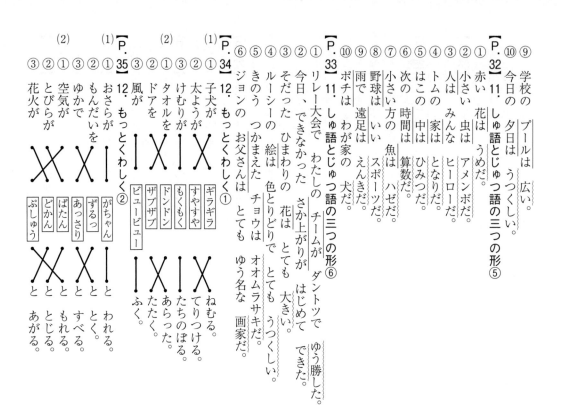

⑤ 犬　⑥ さいふ　⑦ たな

【P.44】15. つないでつづけて①

(れい)

① (すると、)今まで　見たことも　ない　小さな　生きものが　何かを　かじっていました。

② (すると、)もわもわもわっと　白い　けむりが　たくさん　出てきて、何も　見えないように　なりました。

(そして、)けむりが　きえると、そこは　いつもの　公園では　ありませんでした。

【P.45】15. つないでつづけて②

(れい)

① (ところが)そこは、まっ白な　空間が　広がって　いるだけでした。「え、ここは　何。」

② (けれども)すがたは　はっきりと　見えません。

「だれなの。」と　少し　声を　大きくして　言いました。

(すると、)だんだんと　何かが　近づいてくる　けはいが　しました。

【P.46】16. どこでくぎるか文①

① わたしは―あした―たわしを―わたします。

② きょうの―りょうり―きゅうり―りょうりで―りょうかい。

③ この―こねこは―この―こねこの―こ。

④ いつか―いっかいで―いいから―いつかかん―いってみたい。

⑤ どいつに―いちど―いったが―もういちど―どいつに―いってみたい。

⑥ どうろは―どろで―どろどろ―せつめいも―しどろもどろ。

【P.47】16. どこでくぎるか文②

① おすしは―おすしや―おすすめ―おすしを―おすすめした。

② このもち―もちもち―もちろん―もちやさんに―たのんだ―もち。

③ ちょこ―ちょこっと―ちょこちょこ―かいに―いく。

④ きょう―きょうりゅうに―きょうみがある―きようなこといた。

⑤ しゃべるは―しゃべらないと―しゃべること―しゃべる。

⑥ とまとと―とまとを―まとめた―まとに―とまどう―ともといた。

【P.48】17. かん字ガチャポン①

① 話　② 友　③ 池　④ 理

⑤ 雲　⑥ 親　⑦ 走　⑧ 歌

【P.49】17. かん字ガチャポン②

① 国　② 知　③ 顔　④ 組

⑤ 草　⑥ 算　⑦ 曜　⑧ 時

【P.50】17. かん字ガチャポン③

① 妹　② 姉　③ 聞　④ 間

⑤ 分　⑥ 線　⑦ 数　⑧ 通

【P.51】17. かん字ガチャポン④

① 朝　② 教　③ 答　④ 頭

【P.52】18. ペアじゅく語づくり①

① 読書　音読　② 雪山　白雪　③ 言語　方言

④ 先行　強行　⑤ 南方　東南　⑥ 書道　図書

⑦ 分母　半分　⑧ 方向　一方　⑨ 春風　新春

⑩ 思考　考古　⑪ 日記　書記　⑫ 曜日　金曜

【P.53】18. ペアじゅく語づくり②

① 肉店　牛肉　② 小話　会話　③ 見聞　新聞

④ 黄色　黄金　⑤ 色白　赤色　⑥ 黒点　白黒

⑦ 太古　丸太　⑧ 毛足　毛虫　⑨ 高校　高原

⑩ 風力　台風　⑪ 晴天　晴雨　⑫ 多国　多少

【P.54】18. ペアじゅく語づくり③

① 体形　円形　② 体長　店長　③ 算数　数学

④ 体育　正体　⑤ 近道　遠近　⑥ 同時　同点

⑦ 今日　今朝　⑧ 会社　教会　⑨ 社長　社会

⑩ 木刀　小刀　⑪ 大切　親切　⑫ 校内　町内

【P.55】18. ペアじゅく語づくり④

① 出店　来店　② 姉妹　姉上　③ 長妹　妹分

④ 線分　白線　⑤ 汽車　汽船　⑥ 海水　大海

⑦ 回線　前回　⑧ 歩行　牛歩　⑨ 魚肉　小魚

⑩ 広大　広間　⑪ 名前　午前　⑫ 元気　親元

【P.56】18. ペアじゅく語づくり⑤

① 岩石　岩山　② 教室　教科　③ 日光　光線

④ 知名　人知　⑤ 長考　一考　⑥ 室外　室内

⑦ 組合　組立　⑧ 前後　後半　⑨ 花丸　一丸

⑩ 点数　地点　⑪ 売買　買手　⑫ 友人　親友

【P.57】18. ペアじゅく語づくり⑥

① 羽音　白羽　② 雲海　青雲　③ 夏空　夏草

④ 公園　公正　⑤ 花園　学園　⑥ 通行　交通

⑦ 万国　千万　⑧ 頭上　先頭　⑨ 白鳥　小鳥

⑩ 朝日　早朝　⑪ 顔色　新顔　⑫ 毎日　毎朝

【P.58】18.ペアじゅく語づくり⑦

①大家 家計 ②当日 手当 ③人間 空間
③昼食 昼夜 ⑤半分 前半 ⑥電話 電気
⑦外国 外出 ⑧名声 大声 ⑨音楽 楽園
⑩親子 肉親 ⑪父母 父親 ⑫母国 分母

【P.59】18.ペアじゅく語づくり⑧

①兄上 父兄 ②兄弟 弟分 ③正午 午後
④夜中 夜間 ⑤国外 国会 ⑥語学 国語
⑦通算 計算 ⑧用紙 手紙 ⑨来校 家来
⑩毎時 時間 ⑪帰国 帰校 ⑫何時 何分

【P.60】18.ペアじゅく語づくり⑨

①里親 千里 ②食肉 会食 ③自明 明記
④古池 電池 ⑤週間 先週 ⑥番組 一番
⑦東京 東北 ⑧帰京 上京 ⑨古文 中古
⑩社寺 山寺 ⑪西日 東西 ⑫止水 中止

【P.61】18.ペアじゅく語づくり⑩

①車道 歩道 ②山場 工場 ③台本 台数
④新米 新作 ⑤船長 風船 ⑥米作 白米
⑦秋分 千秋 ⑧合体 場合 ⑨活力 生活
⑩理科 心理 ⑪作家 合作 ⑫馬力 白馬

【P.62】18.ペアじゅく語づくり⑪

①画家 作画 ②用心 日用 ③手首 自首
④細心 細工 ⑤方角 四角 ⑥木工 人工
⑦科目 百科 ⑧鳴子 耳鳴 ⑨雨戸 戸外
⑩麦茶 小麦 ⑪茶店 茶畑 ⑫地下 土地

【P.63】18.ペアじゅく語づくり⑫

①市場 市長 ②自分 自足 ③歌声 国歌
④親心 中心 ⑤正答 回答 ⑥野生 分野
⑦野原 草原 ⑧冬毛 冬山 ⑨星空 金星
⑩少数 少食 ⑪走力 力走 ⑫交友 親交

【P.64】19.かん字・おくりがな①

①読む ②言う ③行く ④書く
⑤分ける ⑥分かる ⑦思う ⑧歩く
⑨話す ⑩聞く ⑪聞こえる ⑫黒い
⑬太い ⑭高い ⑮高まる

【P.65】19.かん字・おくりがな②

①高める ②晴れる ③強い ④回す
⑤多い ⑥長い ⑦数える ⑧近い
⑨同じ ⑩会う ⑪切れる ⑫弱る
⑬回る ⑭引く ⑮切る

【P.66】19.かん字・おくりがな③

①広い ②売る ③遠い ④走る
⑤教える ⑥光る ⑦知る ⑧考える
⑨組む ⑩後ろ ⑪丸い ⑫丸める
⑬買う ⑭通る ⑮通す

【P.67】19.かん字・おくりがな④

①当てる ②楽しむ ③親しむ ④来る
⑤帰る ⑥食べる ⑦古い ⑧止まる
⑨合わす ⑩作る ⑪細い ⑫鳴く
⑬歌う ⑭答える ⑮少ない

【P.68】20.かん字ファミリー①

①親 ②家 ③子
④父 ⑤姉 ⑥母
⑦兄 ⑧妹 ⑨弟

【P.69】20.かん字ファミリー②

①月 ②火 ③水
④木 ⑤金 ⑥土
⑦日 ⑧曜 ⑨春
⑩夏 ⑪秋 ⑫冬
⑬朝 ⑭昼 ⑮夜
⑯午前 ⑰正午 ⑱午後

【P.70】20.かん字ファミリー③

①国語 ②算数 ③図書
④社会 ⑤生活 ⑥理科
⑦音楽 ⑧体育 ⑨図画
⑩工作 ⑪作文 ⑫書道

【P.71】20.かん字ファミリー④

①赤 ②青 ③黄
④白 ⑤黒 ⑥茶
⑦雨 ⑧雪 ⑨雲
⑩山林 ⑪森林 ⑫川原
⑬野原 ⑭野草 ⑮朝顔
⑯海

【P.72】21.かん字クロス①
①読　②鳥　③風
④黄　⑤教　⑥数

【P.73】21.かん字クロス②
①公　②考　③算
④引　⑤頭　⑥顔

【P.74】21.かん字クロス③
①帰　②園　③道
④場　⑤歌　⑥番

【P.75】21.かん字クロス④
①曜　②弱　③近
④海　⑤書　⑥南

【P.76】21.かん字クロス⑤
①広　②雪　③後
④体　⑤作　⑥数

【P.77】21.かん字クロス⑥
①市　②地　③馬
④時　⑤台　⑥国

【P.78】22.どっちのカナかな？①
どうぶつの鳴き声…ワンワン　ニャー　コケコッコー
カアカア　モー　キャンキャン
いろいろなものの音…ガラガラ　ピューピュー　ゴーン
カーン　コツコツ　ゴシゴシ

【P.79】22.どっちのカナかな？②
外国の国名…インド　アメリカ　イギリス
カナダ　フランス　オーストラリア
外国から来たことば…コーヒー　メダル　サラダ
コップ　メニュー　エプロン

【P.80】22.どっちのカナかな？③
外国の地名…パリ　トロント　ロンドン
シカゴ　シドニー　デリー
外国の人名…ノーベル　エジソン　ジョブズ
リンカーン　レオナルド　ニュートン

【P.81】22.どっちのカナかな？④
①アフリカ　ガオー　ライオン
②ドイツ　ハンバーグ　ソーセージ
③イギリス　ボート　ネッシー

【P.82】23.どっちの字かな？①
①は、は　②わ、は、わ、わ、わ
③わ、は、わ、は　④は、わ、は
⑤は、は、わ　⑥は、わ、は、は
⑦わ、は、わ、は、は

【P.83】23.どっちの字かな？②
①お、を、お、お　②お、を、お、を、お
③を、を、お、を　④お、を、お、を、を
⑤お、を、を　⑥お、を、を
⑦を、を

【P.84】24.数えることば①
①一ぱん　三ぱん　六ぱん　八ぱん　十ぱん
②一ぴき　三びき　六ぴき　八ぴき　十ぴき
③一ぷん　三ぷん　四ぷん　六ぷん　八ぷん　十ぷん
④一ぺん　三ぺん　六ぺん　八ぺん　十ぺん
⑤一ぽん　三ぼん　六ぽん　八ぽん　十ぽん

【P.85】24.数えることば②
①ひとり　②ふたり　③ついたち
④ふつか　⑤みっか　⑥よっか
⑦いつか　⑧むいか　⑨ようか
⑩ここのか　⑪とおか　⑫いっぽん
⑬さんぼん　⑭ろっぽん　⑮じっぽん
⑯いちわ　⑰さんば　⑱じっぱ（じゅうわ）
⑲ひゃっぱ　⑳せんば

【P.86】25.文字のかいだん①
①（れい）

た			
く	さ		
ま	ん	か	
し	ぱ	ば	あ
い	つ	ん	き

②

や			
き	ま		
う	か	は	
ど	な	ん	な
ん	い	こ	し

③

き			
も	い		
だ	ん	わ	
め	か	ら	ら
し	ん	し	ま

④

ひ			
が	に		
ん	ん	ち	
ば	じ	く	し
な	ん	わ	き

⑤

く			
り	う		
ご	ん	り	
は	て	ん	み
ん	い	ご	み

⑥

ふ			
く	ぬ		
わ	き	つ	
ら	う	ら	す
い	ち	ら	ず

【P.87】25. 文字のかいだん②
（れい）

①

え			
す	る		
か	す	ゆ	
る	ば	と	む
ご	ん	り	じ

②

ね			
じ	て		
ま	つ	せ	
わ	げ	い	け
し	た	じ	ん

③

お			
ん	れ		
ど	ん	め	
け	こ	だ	へ
い	ん	か	い

④

の			
う	と		
ぎ	う	そ	
ょ	こ	し	こ
う	う	き	し

⑤

ろ			
く	よ		
ろ	り	も	
く	み	く	ほ
び	ち	じ	し

⑥

げ			
ん	ぐ		
ご	ん	ぎ	
ろ	か	ん	が
う	ん	か	か

【P.88】26. はんたいことば①
①弱い　②太い　③ひくい　④多い
⑤高い　⑥遠い　⑦短い　⑧広い
⑨入る　⑩やわらかい　⑪帰る　⑫売る

【P.89】26. はんたいことば②
①午後　②おす　③へる　④下り
⑤前　⑥入り口　⑦昼　⑧外
⑨男　⑩右　⑪北　⑫東

【P.90】27. そっくりことば①
①ひらく　②しめる　③うつくしい
④直す　⑤かがやく　⑥しゃべる
⑦つかむ　⑧記す　⑨かける
⑩ひきかえす　⑪うしなう　⑫ふやす

【P.91】27. そっくりことば②
①びっくりする　②こわがる　③いっぱい
④ながめる　⑤じゅんび　⑥道ろ
⑦おひさま　⑧ほのお　⑨いただく
⑩もどす　⑪話す　⑫たずねる

【P.92】28. ことばの計算①
①みずでっぽう　②かざぐるま　③とびばこ
④ふでばこ　⑤まめまき　⑥まきずし

【P.93】28. ことばの計算②
①うんどうぐつ　②あまみず　③なわとび
④かんづめ　⑤けしゴム　⑥はなび

【P.94】28. ことばの計算③
①細長い　②遠回り　③長引く
④長ぐつ　⑤走り回る　⑥青虫

【P.95】28. ことばの計算④
①虫＋とる　②のむ＋水　③見る＋おくる
④本＋立てる　⑤とる＋組む　⑥小さい＋川

【P.96】29. まちがいさがし①
（れい）
①一つ目は、くじらの　いちが　ちがう　ところです。
②二つ目は、うさたんの　もっている　ジュースの　色が　ちがう　ところです。
③三つ目は、うしろの　ふねの　形が　ちがう　ところです。

【P.97】29. まちがいさがし②
（れい）
①一つ目は、たこくんが　かぶっている　ぼうしの　大きさが　ちがう　ところです。
②二つ目は、うさたんが　どうぐを　もっている　手が　ちがう　ところです。
③三つ目は、三日月の　いちが　ちがう　ところです。

【P.98】30. ことばでアナウンス①
（れい）
①学校には、てつぼう、すな場、ジャングルジム、シーソー、すべり台、タイヤとびが　あります。わたしは、すべり台が　一ばんすきです。
②あと、ブランコが　あればいいなと　思います。

【P.99】30. ことばでアナウンス②
（れい）
①図工室へは、げたばこから、右に　まがって　まっすぐ　行きます。つきあたりを　左に　まがって、いちばん　おくの　へやが、図工室です。
②四年一組へは、げたばこから　右に　まがって、すぐの　かどを左に　まがります。そこから　四つめの　教室が　四年一組です。

【P.100】31. ことばのなかま分け①
①鳥のなかま…つばめ、とんび、きじ
②花のなかま…あさがお、ほうせんか、ひまわり

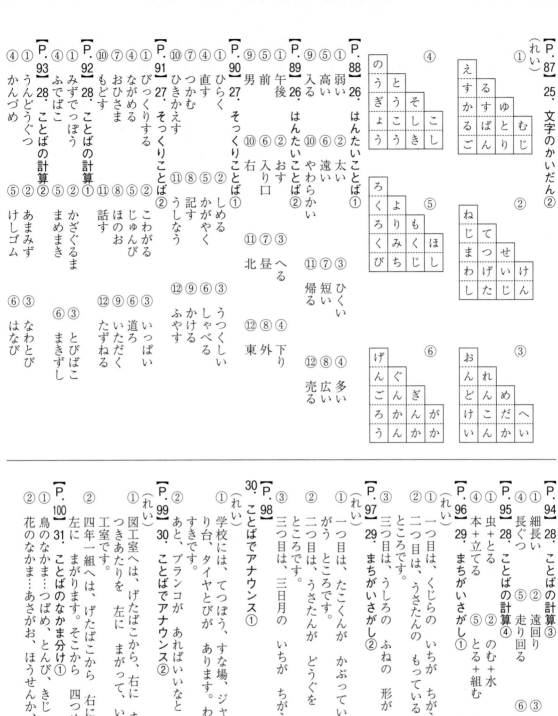

【P.101】31．ことばのなかま分け②
①ようすのなかま…早い、高い、長い
②うごきのなかま…走る、とぶ、なげる
【P.102】31．ことばのなかま分け③
①しょくぶつのなかま…サクラ、モミジ、クヌギ
②どうぶつのなかま…キリン、ライオン、カメレオン
【P.103】31．ことばのなかま分け④
①ようすのなかま…赤い、小さい、大きい
②名前のなかま…食べもの、のりもの、どうぶつ
【P.104】32．まいごさがし①
まいごの女の子は　㋑
【P.105】32．まいごさがし②
（れい）
白い　ぼうしを　かぶって、カエルの　人形を　もっている　女の子が　まいごに　なっています。
【P.106】33．じゅん番せつめい①
かけっこの　じゅんいを　言います。
一番は　うさたんです。
二番は　ウッキーです。
三番は　かえるたんです。
【P.107】33．じゅん番せつめい②
スイカわりの　じゅんいを　言います。
一番は　くまっちです。
二番は　パンちゃんです。
三番は　かえるたんです。
【P.108】34．時間のじゅん番①
（れい）
夜、ねる前に　したことです。
1　まず　顔を　あらいました。
2　そして　はを　みがきました。
3　さいごに　あしたの　じゅんびを　しました。
【P.109】34．時間のじゅん番②
（れい）
学校から　帰って　したことです。
1　はじめに　あいさつを　しました。
2　つぎに　くつを　そろえました。
3　そのつぎに　しゅくだいを　しました。

【P.110】35．三場めんものがたり①
（れい）

はじめ…とりくんと　うさたんが　お話を　しています。

「とりくんは　いいな。空を　とべて。」

「うさたんも　とべるといいね。」

なか……「そのゆめ　ぼくが　かなえるロボ。」

「え、ロボくん、できるの。」

「ロボに　まかせて。」

おわり…「ほら、ロケットだよ。」

「すごい。これで　とべるのかな。」

うさたんは　ロケットで　空を　とびました。

【P.111】35．三場めんものがたり②
（れい）

はじめ…たこくんと　いかくんが　お話を　しています。

「たこくん、どこか　とおいところに　いきたいね。」

「そうだね、でも　およぐのたいへんだよ。」

なか……そのとき、くじらくんが　やってきました。

「くじらくん、どこいくの。」

「アフリカまで、とんで　いくとこだよ。」

おわり…「いいな、いきたいな。」「つれてってくれるかな。」

「いいよ。のりなよ。」

くじらくんは　二ひきを　のせて、たびだって　いきました。

【P.112】36．いいところ見つけたよ作文①
（れい）

あいての名前…（なかつ　みどり）さん
はじめ……（みどり）さん、いつも　クラスの　とりくみを　がんばってくれて、ありがとうございます。

この前も、（学きゅうしんぶんや、いろいろな　けいじぶつを　作ってくれた　おかげで、クラスの　できごとが　よくわかりました。また、そうじを　がんばった　人を　ひょうしょうしたりして、みんなの　はげみに　なっています。）

おわり……これからも（いろいろな　とりくみに　チャレンジしてください。おうえんしています。）

自分の名前…（あんどう　うめた）

【P.113】36. いいとこ見つけたよ作文②
（れい）
タイトル…すごい　ゆうぐが　ある公園
名前……ももき　みどり
はじめ…わたしは、となり町の　公園に　大きな　ゆうぐが　あるのを　見つけました。
なか……タコの　形を　した　大きな　すべり台で、一どに　十人いじょうも　すべることが　できると　思います。
先生に　みんなで　行ってみたいと　そうだんすると、「遠足で　行くことは　できますね。」と　言って　くださいました。
おわり…みなさんも、ぜひ、となり町の　公園の　タコの　すべり台を　見に行って　ください。

【P.114】37. かんさつシート①
（れい）
（中にわ）で　セミの　ぬけがらを　見つけました。
ぬけがらは、（キャラメル）のような　色です。
（もって）みると　（紙）よりも　（かるく）、（さわって）みると
（カサカサ）音が　して、今にも　こわれそうでした。

【P.115】37. かんさつシート②
（れい）
だい…プチトマトの　み
7月11日水曜　晴れ
そだてている　プチトマトに　みが　つきました。
大きさは、まだ　一センチほどで、まめつぶのようです。
さわってみると、つるつるしていました。
おちてしまいそうだったので　さわらないように　します。

【P.116】38. ふしぎかんさつ①
（れい）
五月三日　金曜日　くもり
今日、帰り道で　ふしぎな　いきものを　見ました。
大きさは（しばいぬ）ぐらいの　大きさで、
色は　（タンポポ）のような　黄色で、からだには
（ヒョウ）のような　もようが　ありました。
近づいて　さわってみると、（もふもふ）
していました。しばらくすると、いきものは
（走りさっていきました。）

【P.117】38. ふしぎかんさつ②
（れい）
六月二十四日　金曜日　くもり
今日、帰り道で　空とぶ円ばんを　見ました。
大きさは（かんこうバス）ぐらいの　大きさで、
形は　（おまんじゅう）のような　まるい　形です。
色は（夕日）のような（オレンジ色）でした。
まどから（小さな人かげ）が見えました。
しばらくすると、円ばんは（だんだんうすくなって、きえました。）

【P.118】39. あとでやくだつさいきんメモ①
（れい）
さいきん読んだ物語メモ
六月八日
おすすめど　★★☆
だい名「雪女の子」
書いた人　不思議博士（ふしぎはかせ）
この本を一文でまとめると！
①外で　あそぶのが　にが手だった　主人公が
②ふしぎな　雪の　けっしょうに　よって
③ぼうけん者　になる話

【P.119】39. あとでやくだつさいきんメモ②
（れい）
さいきん読んだ本メモ
十月十日
おすすめど　★★★
だい名「社長になろう！」
書いた人　金子太郎（かねこたろう）
この本から学んだこと！
①みんながしないことにチャンスがある。
②おもいついたら、すぐ行どうすることが大事。
③二、三回であきらめず、くふうして十回ぐらいチャレンジする。

【P.120】40. 四きのはいく①
（れい）
①　たんぽぽの　きいろいはなが　きれいだな
②　げんきよく　いちねんせいが　かわいいな
③　さくらさく　はるかぜそよぐ　しんがっき

【P.121】40. 四きのはいく②

（れい）
① あさはやく　ラジオたいそう　ねむたいな
② あおいそら　むぎわらぼうし　しろいくも
③ うみのいえ　とうもろこしを　たべました

【P.122】40. 四きのはいく③

（れい）
① こおろぎが　コロコロなくよ　あきのよる
② ひがんばな　たくさんさいた　かえりみち
③ どんぐりを　たくさんとった　あきのやま

【P.123】40. 四きのはいく④

（れい）
① てぶくろを　こたつのなかで　あたためる
② くもりぞら　そろそろゆきが　ふってくる
③ ゆずのふろ　たくさんういて　いいかおり

【P.124】41. かんたん三行し①

（れい）
だい　ふれあい広場
にちようび
ウシ、ウマ、ヒツジに　えさあげて
ぼくも　おなかが　すいちゃった

【P.125】41. かんたん三行し②

（れい）
だい　プチトマト
まいにち　まいにち　水あげて
たくさん　みが　なり
うれしすぎ

【P.126】42. ことばあそび①

① しょうりゃく
② せみのみせ　かめのめか
たいがいた　ねたのたね
なつもつな　しかのかし

【P.127】42. ことばあそび②

（れい）
かんそうぶん。
きれいに　かいた。
くろうした。
けれども、かばんに　いれわすれ。
これは　こまった、ざんねんだ。

【P.128】42. 三文作文

（れい）
① いつ…きのう、
どこで…公園で、
だれと…鳥山さんと
どうした…あそびました。
② どんなことをした…てつぼうで　さか上がりの　れんしゅうを、
何十回も　しました。
③ わかったこと…がんばっていると、だんだん　こつが　わかって
きました。
つぎにしたいこと…みんなにも　教えて　あげたいです。

【P.129】43. 一文日記

しょうりゃく

【P.130・131】44. げんこう用紙のつかい方①②

しょうりゃく

【P.132】45. まちがえてマスよ①

① ○遠足の思い出
② 　　　　　　おか　かず(お)
③ (き)のう、記ねん公園に行きました
④ ○天気もよく、みんなわくわくし
ていました。

① 一番上のマスを二、三マスあける。
② 一番下のマスを一マスあける。
③ 一番上のマスを一マスあける。
④ 一番上にくる。は前の行に入れる。

【P.133】45. まちがえてマスよ②

①

　遠足からかえると、
おかあさんが、
「おかえりなさい。」
といいました。

②

　姉は、
「おみやげは。」
とわらいながら、いい
ました。

1日10分

読解力・表現力が身につく

国語ドリル　小学２年生

2023年４月10日　第１刷発行

著　者　藤《ふじ》　原《わら》　光《みつ》　雄《お》

発行者　面　屋　　洋

企　画　清　風　堂　書　店

発行所　フォーラム・A

〒530-0056　大阪市北区兎我野町15-13
電話（06）6365-5606
FAX（06）6365-5607
振替 00970-3-127184
http://www.foruma.co.jp/
E-mail : forum-a@pop06.odn.ne.jp

制作編集担当・藤原幸祐・中倉香代

表紙デザイン・畑佐　実
印刷・㈱関西共同印刷所／製本・㈱髙廣製本